Huu Vinh Nguyen

Factores Críticos de Sucesso para o Processo de Adopção de ERP

Huu Vinh Nguyen

Factores Críticos de Sucesso para o Processo de Adopção de ERP

Uma abordagem de caso vietnamita

ScienciaScripts

Imprint

Any brand names and product names mentioned in this book are subject to trademark, brand or patent protection and are trademarks or registered trademarks of their respective holders. The use of brand names, product names, common names, trade names, product descriptions etc. even without a particular marking in this work is in no way to be construed to mean that such names may be regarded as unrestricted in respect of trademark and brand protection legislation and could thus be used by anyone.

Cover image: www.ingimage.com

This book is a translation from the original published under ISBN 978-3-8443-9667-6.

Publisher:
Sciencia Scripts
is a trademark of
Dodo Books Indian Ocean Ltd. and OmniScriptum S.R.L publishing group

120 High Road, East Finchley, London, N2 9ED, United Kingdom
Str. Armeneasca 28/1, office 1, Chisinau MD-2012, Republic of Moldova, Europe
Printed at: see last page
ISBN: 978-620-2-97443-1

AGRADECIMENTOS

Ao longo deste livro, há muitas pessoas que eu gostaria de reconhecer pelo seu apoio contínuo e conselhos valiosos.

Em primeiro lugar, gostaria de expressar a minha enorme gratidão ao meu supervisor, o **Professor Torsti Rantapuska** da Universidade Lathi de Ciências Aplicadas por acreditar em mim e orientar-me durante o trabalho. Foi uma honra ser vosso aluno e eu não poderia ter feito este estudo sem vós e sem os vossos conhecimentos. A vossa perícia e competência são tremendas.

Em segundo lugar, gostaria de agradecer ao professor **Keith O'Hiobhaird** e ao professor **Antti Salopuro** por terem melhorado a qualidade académica deste livro.

Em seguida, gostaria de agradecer aos entrevistados por terem tomado o seu precioso tempo e proporcionado uma base empírica valiosa para que eu pudesse conduzir esta investigação.

Finalmente, gostaria de agradecer à minha família e aos meus amigos pela sua ajuda e apoio ao longo desta viagem.

Março 2011
Nguyen, Huu Vinh

ÍNDICE

1. INTRODUÇÃO

Num ambiente empresarial ferozmente competitivo como o actual, a estratégia empresarial desempenha um papel crucial tanto na determinação do sucesso como na governação da sobrevivência das empresas. Uma estratégia empresarial eficaz deve concentrar-se na utilização intensiva e eficiente das tecnologias de informação, tais como os sistemas de Planeamento de Recursos Empresariais (ERP). Um sistema ERP é uma ferramenta estratégica que integra todos os dados e processos empresariais de diferentes departamentos num único sistema informático. Portanto, o sistema ERP é a própria infra-estrutura da forma como o negócio funciona e é também a plataforma para a futura expansão do negócio (Dave Caruso 2003, 1).

Este estudo aborda a questão de quais são os factores críticos de sucesso (QCA) para adoptar um projecto ERP ou como adoptar o projecto ERP com sucesso. Instantaneamente, pode pensar que este livro só é útil para as pessoas que estão directamente envolvidas em projectos ERP, tais como gestores de projectos, gestores de topo ou pessoal técnico. No entanto, este tópico também diz respeito a um vasto leque de pessoas.

Em primeiro lugar, o tema é um exemplo específico da questão de como fazer uma tarefa com sucesso que normalmente enfrentamos na vida real. Através deste estudo, poderá aperceber-se da importância do que são tão chamados "factores críticos de sucesso" no planeamento das suas tarefas. Em segundo lugar, os sistemas ERP são actualmente uma tendência e têm sido amplamente implementados por várias organizações, tais como agências governamentais, empresas e mesmo Universidades. Isto significa que os seus futuros trabalhos podem estar envolvidos com sistemas ERP, então porque não familiarizar-se com os seus conceitos a partir de agora? Além disso, os projectos de ERP são dispendiosos e demorados. Os seus sucessos ou fracassos podem ter impacto não só nas operações da organização, mas também em todo o seu pessoal. Por conseguinte, encontrar as respostas para a adopção de sistemas ERP com sucesso é extremamente importante. Este estudo é um esforço para o conseguir, identificando os QCA para a adopção de sistemas ERP que correspondem às empresas vietnamitas, categorizando-os nas respectivas fases do modelo do processo de adopção de ERP, e examinando a importância destes factores no verdadeiro projecto de ERP no Vietname.

Esta investigação está dividida em sete capítulos: introdução, abordagem de investigação, metodologia de investigação, sistemas ERP, revisão sobre QCA na adopção de ERP, estudo de casos e resumo e recomendações. Em primeiro lugar, a introdução apresenta-lhe o tema deste livro. A abordagem de investigação fornece os antecedentes do problema, as motivações para fazer esta investigação, o seu âmbito e limitações. Em seguida, a metodologia de investigação indica como a investigação é processada para encontrar os resultados. O quarto capítulo apresenta algumas áreas focalizadas da terminologia do ERP utilizada neste estudo, tais como definições, benefícios e o seu processo de adopção e tarefas de implementação. Em quinto lugar, os QCA na adopção de ERP fornecem definições de QCA, as suas conclusões em projectos de adopção de ERP em estudos de investigação anteriores e posteriores; oito QCA são identificados para discussão e análise posterior no estudo de caso. Mais tarde, os dados empíricos recolhidos são descritos e analisados. Finalmente, resumo e recomendações resumem toda a investigação e os seus resultados, assim como dão recomendações e estudos de investigação adicionais.

2. ABORDAGEM DE INVESTIGAÇÃO

2.1 Antecedentes de investigação

Actualmente, os sistemas ERP têm sido amplamente implementados para obter vantagens competitivas para as empresas. Os principais fornecedores de ERP são a SAP AG, Oracle e Microsoft. Os sistemas ERP ajudam a melhorar os processos empresariais e a reduzir os custos. Além disso, o sistema pode ligar-se a fornecedores, distribuidores, e clientes, facilitando o fluxo de produtos e informações. No entanto, ainda existem numerosos desafios na adopção de sistemas ERP.

Na prática, a implementação de um sistema ERP é dispendiosa, demorada e complexa. De acordo com o relatório ERP 2010[1] publicado pelo Panorama Consulting Group (2010, 3), a média de implementação do ERP levou 18,4 meses, com um custo total para o proprietário[2] de 6,2 milhões de dólares americanos. No mesmo período, 35,5% da implementação do ERP demorou mais tempo do que o esperado, 51,4% das empresas ultrapassaram o orçamento e 40% das empresas perceberam grandes interrupções operacionais após a implementação em pleno funcionamento.

Nos países em desenvolvimento asiáticos, a taxa de adopção de ERP foi muito baixa e vários anos atrás dos países avançados (Rajapakse & Seddon 2005, 1; Ngai et al. 2008, 12). Até Fevereiro de 2010, existiam cerca de 100 empresas vietnamitas que já tinham adoptado sistemas ERP, e previa-se que o número aumentasse significativamente. Este resultado veio de um relatório publicado no website http://eac.vn em Março de 2010, que foi anexado no apêndice 1 no final deste livro. O número modesto acima referido deriva da elevada taxa de fracasso de 70% - 80% dos projectos ERP anteriores com base nas estatísticas de 2006 (projectos de implementação de ERP: como evitar o fracasso, 2006).

Assim, as dificuldades e a elevada taxa de fracasso na adopção de sistemas ERP têm atraído largamente muitos investigadores para descobrir factores críticos de sucesso para a adopção de ERP. Holland e Light (1999) estão entre os primeiros autores a discutir o assunto (Holland & Light

---

[1]: O estudo entrevistou inquiridos de quase 1.600 organizações que tinham implementado sistemas ERP nos últimos quatro anos.

[2]: Os custos do software, hardware, serviços profissionais (para manutenção contínua, actualizações e optimização) e custos internos dependem do número de utilizadores, da complexidade da solução, dos fornecedores de ERP e dos locais de implementação.

1999, 31). Através de uma análise abrangente da literatura, Ngai et al. (2008, 14) indicam que grande parte da investigação se centrou nas nações ocidentais, enquanto que tem havido falta de investigação sobre o sucesso ou fracasso da adopção de sistemas ERP nas regiões/países em desenvolvimento. Com o desenvolvimento de sistemas ERP, este torna-se cada vez mais poderoso com riscos elevados. Todos os investigadores desejam encontrar alguns factores de sucesso para generalizar a experiência. Para além disso, algumas outras motivações para explorar este tópico são as seguintes:

Em primeiro lugar, os projectos de implementação de ERP no Vietname estão a desenvolver-se de forma intensiva: O termo ERP era conhecido no Vietname antes da adesão do país à OMC em 2007. Contudo, só depois desse momento é que cada vez mais empresas se aperceberam das suas necessidades de implementação de sistemas ERP. Tem havido cada vez mais empresas a procurarem os sistemas ERP à medida que estes crescem mais juntamente com a economia vietnamita.

Em segundo lugar, há uma necessidade de melhorar o sucesso da adopção do ERP no Vietname: Os números de projectos ERP falhados em empresas vietnamitas dominaram mais do que os projectos bem sucedidos. Notavelmente, algumas empresas tentaram implementar o sistema ERP muitas vezes, mas mesmo assim sem sucesso. Isto influenciou a psicologia de outros gestores que planeavam investir no projecto para as suas empresas.

Finalmente, o sucesso do ERP e factores críticos relacionados: A adopção de ERP varia desde a dimensão das empresas até às localizações geográficas. Embora tenha havido muitos projectos ERP falhados no Vietname, os esforços formais para determinar o seu sucesso e as causas subjacentes têm sido muito limitados. Este documento visa reduzir a lacuna na literatura sobre os QCA na adopção de ERP em todo o mundo e, mais importante ainda, pretende ser um dos primeiros estudos de investigação académica sobre os QCA na adopção de ERP no Vietname.

2.2   Questão e objectivos da investigação

Definir a questão da investigação é provavelmente o passo mais importante de um estudo de investigação (Yin 2003, 7). Este estudo visa encontrar as respostas para a pergunta: *Quais são os factores críticos de sucesso para o processo de adopção do ERP no Vietname?*

A pergunta é respondida através dos seguintes métodos:

- Realizar uma revisão aprofundada da literatura e desenvolver teorias para análise (investigação dedutiva).
- Recolha de dados empíricos do estudo de caso através de entrevistas a diferentes participantes que aderem ao projecto ERP, documentação do projecto e inquérito em pequena escala.
- Utilizando a análise interna do caso em que os dados recolhidos são comparados a teorias.
- Encontrar os resultados

O principal objectivo desta investigação é examinar a adopção do ERP à luz dos QCA. Para além disso, alguns objectivos secundários são:

- Ter uma melhor compreensão do projecto ERP na vida real.
- Ter uma melhor compreensão do estado de adopção do ERP no Vietname.
- Dar recomendações e sugerir tópicos de investigação futura.

2.3 Escopos e limitações

O objectivo deste estudo é examinar os QCA para a adopção do ERP da empresa vietnamita. Neste livro, a adopção do ERP refere-se ao processo desde a decisão de implementar o sistema ERP até à sua utilização em operações normais na empresa. Por conseguinte, a fase de implementação no processo de adopção do ERP centra-se principalmente na descrição e análise, porque é a fase principal que influencia o sucesso da adopção do ERP. Da mesma forma, tanto o sucesso da implementação do ERP como o sucesso do sistema ERP referem-se ao sucesso da adopção do ERP. Esta investigação restringe a sua discussão e análise sobre os QCA propostos na literatura.

Uma vez que o caso é uma grande organização no Vietname, este estudo seria mais benéfico para outras grandes empresas vietnamitas. Contudo, as conclusões podem também ser úteis para as PMEs, uma vez que estas têm menos obstáculos na adopção de sistemas ERP do que as grandes empresas. Além disso, este estudo não é limitado na indústria transformadora porque os QCA descobertos neste estudo são também aplicáveis a outros campos da economia.

3. METODOLOGIA DE INVESTIGAÇÃO

O conhecimento metodológico dá a um público uma melhor compreensão da investigação previamente conduzida e de como proceder no futuro.

(Gammelgaard 2004, 480)

Este capítulo declara a forma como a investigação é processada para encontrar os resultados. O objectivo da investigação é discutido na primeira secção. Em seguida, a estratégia de investigação é explicada na secção 3.2. A secção 3.3 dá a escolha dos métodos de investigação. Em seguida, é descrito o processo de recolha e análise de dados empíricos. Finalmente, a validade e fiabilidade medem a qualidade desta investigação são descritas.

3.1 Objectivo da investigação

Em termos de finalidade de investigação, a tripla de exploratória, descritiva e explicativa é a mais frequentemente utilizada na literatura dos métodos de investigação (Saunders et al. 2009, 139). Uma investigação pode ter mais do que um objectivo e o objectivo pode também mudar com o tempo (Robson 2002, segundo Saunders et al. 2009, 139).

Um estudo exploratório é utilizado "para descobrir o que está a acontecer; para procurar novas perspectivas; para fazer perguntas e avaliar os fenómenos sob uma nova luz" (Robson 2002, 59). O estudo exploratório é particularmente útil para desenvolver uma compreensão inicial e aproximada de um problema e é aplicável a um novo tópico. Emprega uma abordagem aberta, flexível e indutiva para encontrar todos os dados relevantes sobre o problema (Blanche et al. 2006, 44).

Um estudo descritivo é objectado "para retratar um perfil preciso de pessoas, eventos ou situações" (Robson 2002, 59). Pode ser uma extensão de uma investigação exploratória ou uma investigação explicativa (Saunders et al. 2009, 140). A investigação descritiva é frequentemente utilizada para responder às perguntas: *quem, o quê, onde, quando* e *como*.

Um estudo explicativo é utilizado para estabelecer relações causais entre variáveis e a sua análise é sobre o estudo de uma situação ou de um problema a fim de explicar as relações entre variáveis (Saunders et al. 2009, 140). Normalmente, este tipo de estudo responde às perguntas *porquê* e *o quê*.

No que diz respeito a esta investigação, o objectivo da investigação é principalmente explicativo e parcialmente descritivo. É principalmente explicativa porque explica como os QCA influenciam o sucesso do processo de adopção do ERP. É parcialmente descritiva porque é necessário descrever como o sistema ERP foi implementado para se ter uma imagem clara do problema. Além disso, esta pesquisa é de certa forma exploratória porque o autor deseja descobrir o que estava a acontecer no verdadeiro projecto de ERP à luz de factores críticos de sucesso.

3.2   Estratégia de investigação

Juntamente com a abordagem da investigação, é importante prestar atenção à estratégia de investigação que deve ser utilizada para a investigação. Saunders et al. (2009) consideram sete tipos de estratégia de investigação: experiência, inquérito, estudo de caso, investigação de acção, teoria fundamentada, etnografia e investigação arquivística (Saunders et al. 2009, 141). Cada estratégia pode ser utilizada para exploração, descritiva, ou explicativa (Yin 2003, 3). A escolha da estratégia de investigação depende da questão e objectivos da investigação, da extensão do conhecimento existente (Saunders et al. 2009, 141). Em particular, o estudo de caso tem uma capacidade considerável de gerar respostas à pergunta *porquê*, bem como a *que* e *como* (Saunders et al. 2009, 146).

Esta investigação é concebida como um estudo de caso porque o seu objectivo é encontrar informação relacionada com *que* questão. Um estudo de caso utiliza uma investigação empírica de um determinado fenómeno contemporâneo dentro do seu contexto real, utilizando múltiplas fontes de evidência, e proporcionou uma oportunidade para a análise intensiva de muitos detalhes específicos frequentemente ignorados por outros métodos (Robson 2002, 178; Kumar 2005, 113). Segundo Yin (2003, 15), existem pelo menos cinco aplicações diferentes de estudos de caso: explicação, descrição, ilustração, exploração e meta-avaliação (um estudo de um estudo de avaliação).

3.3   Escolha do método: qualitativo ou quantitativo?

> *Pela nossa visão pragmática, a investigação qualitativa implica de facto um compromisso com as actividades de campo. Não implica um compromisso para com a inumeracia.*
>
> *(Kirk & Milner 1986, 10)*

O método quantitativo é frequentemente utilizado para técnica de recolha de dados numéricos (questionários ou entrevistas estruturadas) ou procedimento de análise de dados (gráficos ou estatísticas) que resulta em dados numéricos (Dawson 2002, 15; Saunders et al. 2009, 152). É utilizado ou para quantificar a variação de um fenómeno, situação e problema, ou para abstrair de instâncias particulares para procurar uma descrição geral ou para testar hipóteses causais (Gary King et al. 1994, 3; Kumar 2005, 12).

Em contraste, a investigação qualitativa explora atitudes, comportamentos e experiências através de métodos tais como entrevistas, observações, ou grupos focais para gerar resultados não numéricos. Tenta obter opiniões profundas dos participantes, pelo que tende a demorar mais tempo do que o método quantitativo (Dawson 2002, 15; Saunders et al. 2009, 152.) O método qualitativo é tipicamente mais flexível do que o quantitativo que permite utilizar perguntas abertas em vez de perguntas fixas. Desta forma, os participantes podem responder com as suas próprias palavras. (Métodos de Investigação Qualitativa: Um Guia de Campo do Colector de Dados, 4.)

Uma vez que há falta de dados disponíveis, o método qualitativo é mais útil para o contexto desta investigação. O método qualitativo apoia de forma flexível os resultados exploratórios e o conhecimento profundo da prática empresarial actual (Gray 2009, 166). Além disso, os dados quantitativos são recolhidos como ferramenta complementar para ilustrar os resultados.

3.4   Recolha de dados

De acordo com Yin (2003, 99), são necessárias múltiplas fontes de prova e triangulação para analisar um estudo de caso. Elas podem melhorar a fiabilidade e validade das provas do caso. Ele salienta também que "os estudos de caso que utilizam múltiplas fontes de prova são mais bem classificados, em termos da sua qualidade global, do que aqueles que dependem apenas de uma única fonte de informação". Para além dos dados teóricos de fontes publicadas, os dados empíricos consistem nas seguintes fontes: documentação do projecto, relatório da empresa, entrevistas abertas e inquérito em pequena escala. Os dados são recolhidos em Fevereiro de 2011. A figura 1 abaixo revela a convergência de múltiplas fontes utilizadas neste estudo de caso único.

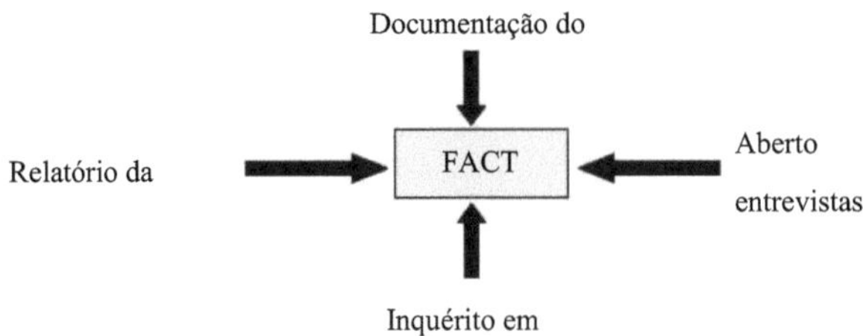

FIGURA 1. Convergência de múltiplas fontes de prova (adaptado de Yin 2003, 100).

Selecção de amostras

A razão para escolher a ABC como estudo de caso é que a empresa é uma das primeiras empresas no Vietname a implementar o ERP com sucesso e os benefícios do ERP foram percebidos. Além disso, a empresa reflecte a estrutura comum de outras grandes empresas no Vietname. Em última análise, a empresa pode ser facilmente avaliada para recolher os dados empíricos.

Desenho da entrevista

Neste estudo de caso do ABC, as entrevistas foram realizadas com vários participantes diferentes dentro da empresa, bem como com o implementador do ERP. Uma entrevista por correio electrónico com gestores de topo e representante do implementador de ERP foi definida de forma importante como uma série de e-mails; cada um contém um pequeno número de perguntas. Os participantes, com base nas perguntas, expressaram os seus pensamentos e opiniões. Contudo, houve algumas dificuldades em abordar os entrevistados pretendidos. Por conseguinte, as entrevistas telefónicas foram por vezes substituídas por entrevistas por correio electrónico. Os dados eram então armazenados como notas para análise posterior.

A fim de estabelecer entrevistas, a empresa visada - ABC - foi contactada e os participantes responsáveis pelo projecto ERP foram identificados. Abaixo, a lista dos principais entrevistados é apresentada no quadro 1.

QUADRO 1. Forneceu detalhes sobre os principais entrevistados.

Entrevistado	Organização	Posição
Sra. Ngo	ABC Ltd - Laticínios do Vietname Fabricante do produto	Vice-presidente da ABC, supervisor de projectos ERP
Sr. Tran	ABC Ltd - Laticínios do Vietname Fabricante do produto	Gestor de TI, gestor de projectos ERP
Sr. NguyenX	Ltd - Gestor de implementação de ERP	

Além disso, foram entrevistados pequenos grupos de funcionários transversais que participaram no projecto. Para estes grupos, as entrevistas foram feitas por correio electrónico e por mensageiro instantâneo. A tabela 2 mostra os detalhes dos grupos de amostra para investigação.

QUADRO 2. Grupo de amostra para entrevistas.

Departamento	Número de entrevistados
IT	3
Contabilidade	5
Fabrico	3
Logística	4
Total	15

As perguntas da entrevista foram concebidas com base nos QCA identificados na literatura. É também importante conhecer os benefícios percebidos, possíveis desafios na utilização do novo sistema. Estas perguntas foram anexadas no apêndice 2 no final deste estudo. Além disso, foi enviado um questionário a todos os entrevistados para saber como avaliaram a importância dos QCA identificados para o sucesso do projecto. O questionário foi apresentado no apêndice 3 no final deste livro.

3.5   Análise de dados

Um dos aspectos menos desenvolvidos e mais difíceis de fazer estudos de caso é a análise dos dados recolhidos. A melhor preparação para esta tarefa consiste em escolher uma estratégia analítica geral (Yin 2003, 109). Neste estudo de caso, a estratégia utilizada foi a análise de casos em que a estratégia empírica

Os dados foram comparados com as teorias ou os QCA identificados. Além disso, os dados quantitativos foram analisados para ilustrar o resultado.

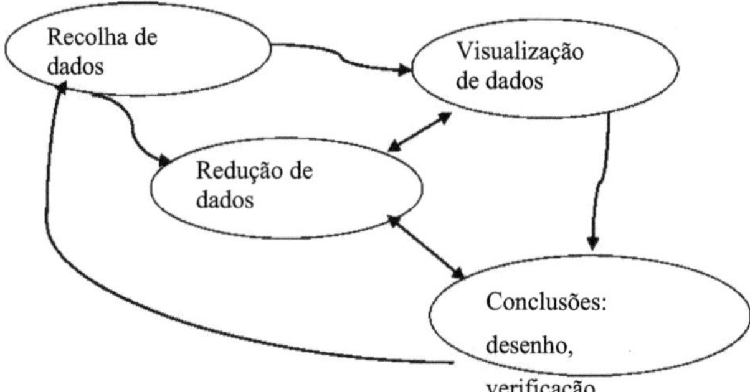

FIGURA 2. Componentes da análise de dados qualitativos - Modelo interactivo (Miles & Huberman 1994, 10).

Em primeiro lugar, as provas qualitativas foram utilizadas para examinar os QCA no projecto bem sucedido. A análise inclui redução de dados, exibição de dados, e conclusão. A redução de dados foi o processo de selecção, focalização, simplificação, abstracção e transformação dos dados. O seu objectivo era organizar os dados, para que as conclusões pudessem ser tiradas e verificadas. A afixação dos dados foi para tomar os dados reduzidos e mostrá-los em fluxograma ou outros gráficos que permitissem tirar conclusões facilmente. Finalmente, as tarefas no processo de desenho de conclusões consistiam em decidir o que significava, anotar as regularidades, padrões, explicações, possíveis configurações, fluxos causais e proposições. A figura 2 acima ilustra os componentes da análise de dados qualitativos. (Miles & Huberman 1994, 11.)

Em segundo lugar, os dados quantitativos recolhidos foram então sintetizados para encontrar a frequência dos QCA citados a partir de inquéritos em pequena escala. O objectivo era verificar a importância dos QCA identificados para o processo de adopção do ERP do ABC. Além disso, o resultado indicou os factores mais e menos críticos de acordo com as perspectivas dos entrevistados. Para esta tarefa, foi utilizada a ferramenta estatística do Microsoft Excel.

3.6 Validade e fiabilidade

A validade e fiabilidade têm de ser consideradas para reduzir o risco de obter respostas incorrectas a questões de investigação.

(Chisnall 1997, 12)

A validade e a fiabilidade são dois factores valiosos para medir a qualidade de uma investigação. A validade de ambos diz respeito a saber se as conclusões da investigação são realmente sobre o que parecem ser e refere-se ao quão bem um método de investigação específico mede o que afirma medir (Chisnall 1997, 12; Saunders et al. 2009, 157). Fiabilidade refere-se à consistência dos resultados da investigação. Por outras palavras, se outro investigador seguir os mesmos procedimentos, deverá obter os mesmos resultados. O objectivo da fiabilidade é minimizar os erros e enviesamentos num estudo (Yin 2003, 37.) É importante que todos os inquiridos compreendam as perguntas da mesma forma e que as suas respostas possam ser codificadas sem a possibilidade de incerteza (David Silverman 2001, 229).

A fim de lidar com a validade e fiabilidade, esta investigação utilizou quatro fontes de prova do estudo de caso. Todos os entrevistados escolhidos estiveram bem envolvidos no projecto, pelo que as suas respostas derivaram da sua própria experiência. O tempo para realizar entrevistas também era flexível e dependente da agenda dos entrevistados, pelo que estes se sentiam à vontade para expressar as suas opiniões. Além disso, a lista de referências foi feita para armazenar todas as fontes a partir das quais os dados foram recolhidos.

4. SISTEMAS ERP

Este capítulo fornece algumas informações principais sobre os sistemas ERP, tais como definição, benefícios, e processo de adopção e abordagem de implementação do ERP. É também necessário mencionar a medição do sucesso da implementação do ERP e explicar porque é que o sucesso da implementação é crítico.

4.1   Definição de ERP

Wallace e Kremzar (2001, 5) definem um sistema ERP como:

> *Um conjunto de ferramentas de gestão a nível empresarial que equilibra a procura e a oferta, contendo a capacidade de ligar clientes e fornecedores numa cadeia de fornecimento completa, empregando processos empresariais comprovados para a tomada de decisões e proporcionando elevados graus de integração multifuncional entre vendas, marketing, fabrico, operações, logística, compras, finanças, desenvolvimento de novos produtos e recursos humanos, permitindo assim que as pessoas possam gerir o seu negócio com elevados níveis de serviço ao cliente e produtividade e, simultaneamente, com custos e inventários mais baixos; e fornecendo a base para um comércio electrónico eficaz.*

Na figura 3 abaixo, o sistema ERP é a base de dados central.

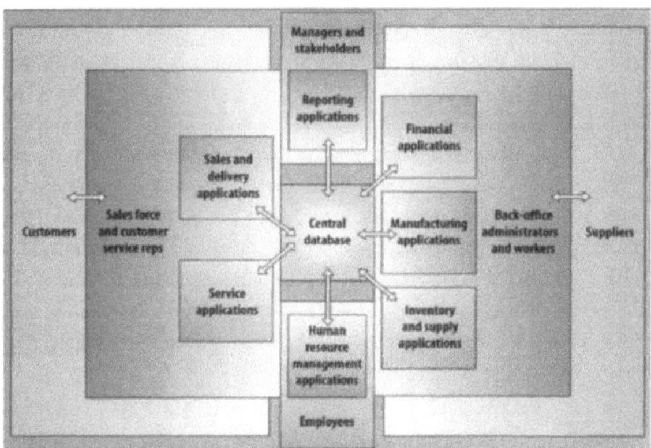

FIGURA 3. Anatomia de um sistema ERP (Davenport 1998, 124).

4.2 Vantagens da implementação de um sistema ERP

De acordo com Rothlin (2010, 104), Shang e Seddon (2003) classificam os benefícios dos sistemas ERP em cinco dimensões com 21 sub-dimensões como se segue:

- *Operacional:* Os sistemas ERP são construídos para integrar e automatizar os processos empresariais. Portanto, espera-se que proporcionem os benefícios em termos de redução de custos, redução do tempo de ciclo, melhoria da produtividade, melhoria da qualidade, melhoria do serviço ao cliente.
- *Gerencial:* Os sistemas ERP podem ajudar a empresa a conseguir uma melhor gestão de recursos, uma melhor tomada de decisões e uma melhor planificação e melhoria do desempenho.
- *Estratégico:* os sistemas ERP podem apoiar acções estratégicas tais como crescimento empresarial, aliança empresarial, construção de inovações empresariais, liderança de custos, geração de diferenciação de produtos (incluindo personalização) e construção de ligações externas (clientes e fornecedores).
- *Infra-estruturas informáticas:* Os sistemas ERP proporcionam flexibilidade empresarial para mudanças actuais e futuras, redução de custos de TI e melhoria da capacidade da infra-estrutura de TI.
- *Organizacional:* Os sistemas ERP podem apoiar as mudanças da empresa, facilitar a aprendizagem empresarial, o empowerment e a construção de visões comuns.

4.3 Processo de adopção do ERP

Da revisão da literatura, notou-se que não havia pontos de vista comuns relativamente às fases do processo de adopção. Segundo Placide et al. (2008, 533), o processo de adopção do ERP foi identificado entre três e treze fases na literatura. Segundo eles, o processo de adopção do ERP contém sete fases: decisão, planeamento, procura de informação, selecção, avaliação, escolha e negociação. Contudo, este modelo não pode reflectir o verdadeiro significado do processo de adopção do ERP.

A seguir, Pastor e Esteves (1999, 3) propõem seis fases para o ciclo de vida da adopção de um sistema ERP: planeamento de decisões, aquisição, implementação, utilização e manutenção, evolução e reforma. Neste livro, o autor propõe que a adopção de um ERP numa empresa é um processo de realização das necessidades de um novo sistema ERP, substituindo o(s) sistema(s) antigo(s) por esse novo sistema e obtendo os benefícios pretendidos através da sua utilização em operações normais. Assim, o novo modelo consiste em quatro fases adaptadas de Pastor e Esteves (1999): planeamento de decisão, aquisição, implementação e utilização e manutenção. A figura 4 ilustra o processo de adopção do ERP utilizado neste estudo.

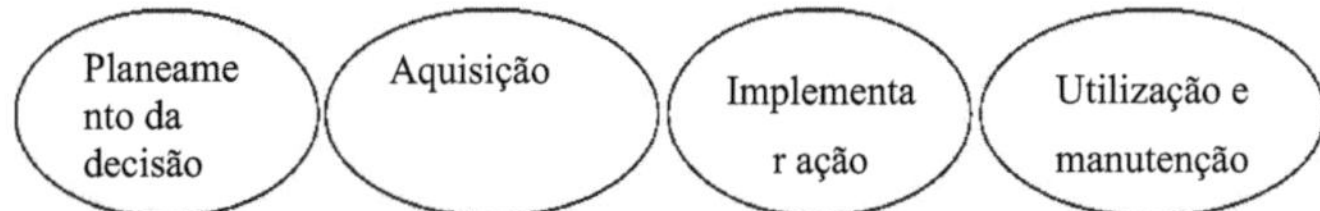

FIGURA 4. Um processo de adopção de ERP (adaptado de Pastor & Esteves 1999, 3).

Fase de planeamento da decisão

Esta fase apresenta a visão empresarial e o planeamento da organização. Os gestores de topo têm de cumprir as seguintes actividades. Em primeiro lugar, têm de analisar as necessidades e requisitos para a adopção de um sistema ERP. Em segundo lugar, devem analisar os custos e os benefícios esperados da adopção de um ERP. Por último, é necessário um estudo de viabilidade para determinar os impactos tentativos sobre a organização. (Pastor & Esteves 1999, 4.)

Fase de aquisição

A equipa de aquisição é formada para escolher o pacote ERP que melhor se adapta aos requisitos da organização, de modo a que a personalização seja minimizada. É também seleccionado um implementador de ERP. Os termos e condições do contrato de implementação são definidos. É também importante fazer uma análise do retorno do investimento (ROI) do pacote ERP seleccionado. Outra tarefa importante é investigar e avaliar a actual infra-estrutura informática da empresa para considerar se esta satisfaz ou não os requisitos do novo sistema ERP. (Pastor & Esteves 1999, 4; Pastor & Bibiano 2006, 3).

Fase de implementação

Esta fase é a fase mais importante do processo de adopção do ERP, em que o sistema ERP e os processos empresariais da organização coincidem entre si. O papel dos consultores é tão crucial nesta fase porque fornecem metodologias de implementação, conhecimentos de know-how e formação. (Pastor & Esteves 1999, 5.)

De acordo com Theodor (2009, 14), algumas tarefas principais nesta fase contêm:

- *Formação da equipa do projecto:* constituída por gestor de projecto, pessoal de TI e utilizadores finais de todos os departamentos/níveis relacionados, consultor ERP e comité de direcção que supervisiona o progresso.
- *Preparação do plano de implementação*: um plano delineia todo o processo de implementação: metas, objectivos do sistema, cronograma, custo e recursos de pessoal, etc.
- *Gap Analysis:* esta etapa foi concebida para comparar *como está* e *ser* análises para determinar que lacunas existem entre os processos actuais da empresa e os novos processos que pretendem ter.
- *Reengenharia de processos empresariais (BPR) e personalização: os* processos empresariais reestruturados são mapeados para o software; se possível, fazer uso das funcionalidades padrão que o software oferece, caso contrário, aplicar a análise de lacunas
- *Criar dados-mestre*: toda a informação chave é padronizada e unificada.
- Configurar *aplicação, configuração e integração*: o sistema ERP é instalado e configurado; depois todos os módulos são integrados.
- *Teste de integração de sistemas*: passo importante que elimina bugs de software e outros problemas.
- *Conversão ou migração de dados*: os dados são transferidos de sistemas antigos para o sistema ERP em formato e sequência apropriados.
- *Arrancar*: o sistema ERP funciona correctamente e substitui os sistemas antigos.
- *Formação de utilizadores*: os utilizadores finais são formados para saberem como utilizar o novo sistema.

Fase de utilização e manutenção

Esta fase contém formação contínua dos utilizadores, avaliação da implementação, satisfação dos utilizadores e intenção de utilização. Nesta fase, os benefícios do sistema são percebidos. Cobre também o relatório para analisar o ROI esperado. Uma vez implementado um sistema, este deve ser mantido devido a mau funcionamento, pedidos especiais de optimização e melhorias gerais do sistema. (Pastor & Esteves 1999, 5; Pastor & Bibiano 2006, 5.)

4.4   Abordagem de implementação do ERP

Big bang e faseado são as duas abordagens principais para a implementação de um sistema ERP. Uma abordagem big bang é uma implementação onde ao mesmo tempo os sistemas antigos em todos os locais são actualizados para o novo sistema ERP. Em contraste, uma abordagem faseada é uma implementação onde os módulos do sistema ERP são implementados numa sequência para substituir gradualmente os sistemas antigos. (O'Leary 2000, 151.)

A escolha da abordagem de implementação depende de características organizacionais tais como tamanho, estrutura, complexidade e controlos da organização. Muitas vezes o big bang é adequado a organizações mais pequenas e menos complexas, enquanto a abordagem faseada é mais utilizada por organizações maiores e mais complexas. Além disso, quanto mais hierárquica (alta) com controlos mais apertados uma organização se torna, mais provável é que a abordagem faseada seja utilizada. As Figura 5, 6 abaixo mostram as ligações entre as características organizacionais e a abordagem de implementação utilizada. (O'Leary 2000, 157, 158.)

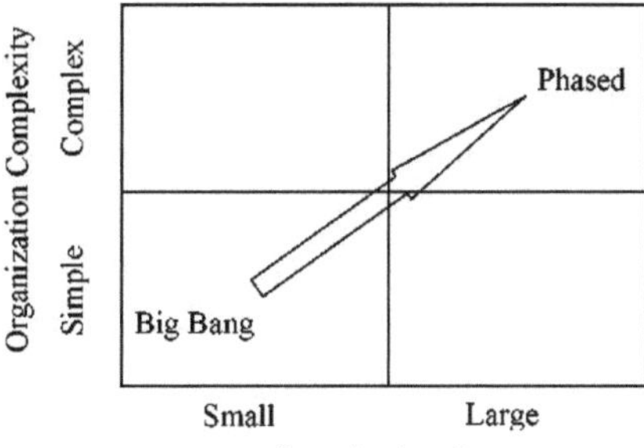

FIGURA 5. Ligações entre o tamanho da organização e a complexidade e abordagem de

implementação

utilizado (O'Leary 2000, 157).

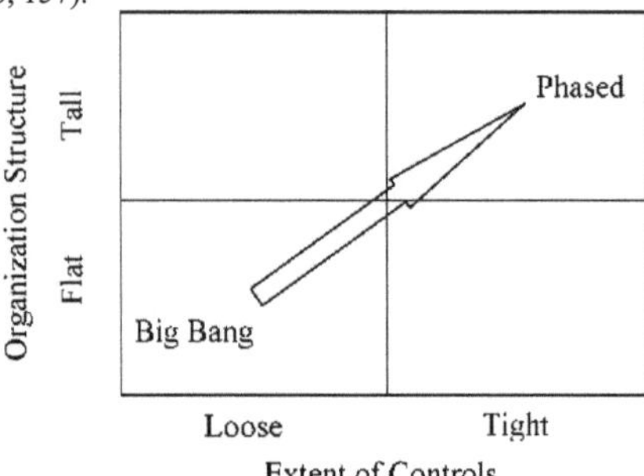

FIGURA 6. Ligações entre a hierarquia da organização e a abordagem de controlo e implementação utilizada (O'Leary 2000, 158).

Em comparação com o big bang, a abordagem faseada leva mais tempo de implementação, custo total mais elevado mas riscos menores, menos recursos de pessoal necessários durante a implementação. Além disso, ao utilizar a abordagem faseada, os sistemas antigos podem voltar atrás no caso do novo sistema ERP não funcionar como esperado e o pessoal pode acumular conhecimentos numa fase para melhorar as tarefas em fases posteriores. (O'Leary 2000, 153).

4.5   O sucesso da implementação do ERP e porque é fundamental

As empresas podem obter uma série de benefícios através da implementação bem sucedida do ERP. Pelo contrário, o projecto pode ser uma catástrofe para as empresas que não conseguem gerir o processo de implementação (Holland & Light 1999, 30.) Assim, o problema que se levanta é descobrir que características definem uma implementação bem sucedida de um ERP.

Estudos de investigação anteriores mostram que a definição e medição do sucesso da adopção do ERP é uma questão espinhosa. De acordo com Samiaah et al. (2010, 3), Atkinson (1999) propõe "o modelo triangular" para o sucesso do projecto. O seu modelo consiste em três factores em cada ângulo, nomeadamente *tempo, custo* e *qualidade*. No entanto, estes critérios básicos têm sido criticados devido à sua inadequação.

Segundo Esteves (2004, 37), alguns autores indicam que o sucesso depende do ponto de vista a partir do qual se mede o sucesso. Por exemplo, a tempo e dentro do orçamento são frequentemente a medição do sucesso dos gestores de projecto e consultores de implementação. Contudo, os gestores empresariais e os utilizadores finais tendem a concentrar-se em ter uma transição suave para operações estáveis com o novo sistema, alcançando as melhorias empresariais pretendidas, como reduções de inventário, e ganhando melhores capacidades de apoio à decisão.

Em termos mais gerais, de acordo com Ifinedo (2008, 554), Ifinedo (2006a, b) e Ifinedo & Nahar (2006) propuseram um modelo de medição do sucesso do sistema ERP baseado numa extensa revisão bibliográfica e estudos de caso. O seu modelo inclui a qualidade do sistema, qualidade da informação, impacto individual, impacto do grupo de trabalho e impacto organizacional, tal como apresentado na figura 7 abaixo. Neste livro, o autor adopta o ponto de vista de Ifinedo e Nahar.

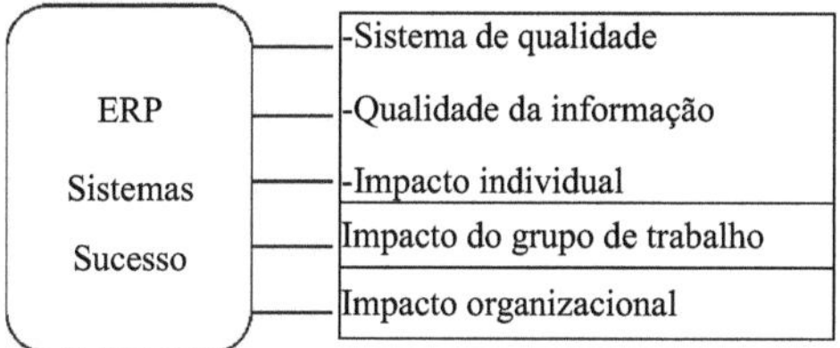

FIGURA 7. Modelo de sucesso da implementação do ERP (Ifinedo 2008, 554).

Em suma, os sistemas ERP são pacotes de software comercial que podem cobrir todas as actividades de uma organização. Uma vez que o sistema toca muitos aspectos das operações internas e externas de uma empresa, a sua implementação e utilização bem sucedida são fundamentais para o seu desempenho e sobrevivência. Em alguns casos de insucesso, o projecto ERP levou-os a processos de falência e litígios (Bicknell 1998, 3).

Além disso, a implementação de um sistema ERP é cara, complexa e demasiado arriscada. De facto, 65% dos executivos acreditam que os sistemas ERP têm pelo menos uma hipótese moderada de prejudicar os seus negócios devido ao potencial de problemas de implementação (Umble & Umble 2002, 26). Apesar da experiência na implementação de sistemas de informação (SI), as empresas que planeiam o projecto ERP devem tomar conta de todos os aspectos que possam ocorrer durante a fase de implementação.

5. REVISÃO SOBRE FACTORES CRÍTICOS DE SUCESSO NA ADOPÇÃO ERP

Este capítulo fornece alguma informação de base nas áreas de QCA na adopção de ERP. Em primeiro lugar, são dadas algumas definições de QCA. Em seguida, as suas conclusões na literatura são revistas.

A seguir, o quadro conceptual é ilustrado. Finalmente, os QCA são discutidos para uma análise mais aprofundada.

5.1 Abordagem de factores críticos de sucesso

Daniel (1961) foi o primeiro autor a desenvolver o conceito de factores críticos de sucesso como base para determinar as necessidades de informação dos gestores (Amberg et al. 2005, 2). A ideia foi então popularizada por Rockart (1979) e desde então tem sido amplamente utilizada para ajudar as empresas a implementar as suas estratégias e projectos. Ele definiu isso:

> *Os QCA são o número limitado de áreas em que os resultados, se forem satisfatórios, assegurariam um desempenho competitivo bem sucedido para a organização. São as poucas áreas-chave onde as coisas devem correr bem para que o negócio floresça. Se os resultados nestas áreas não forem adequados, os esforços da organização para o período seriam menos do que o desejado.*

> *(Rockart 1979, 85)*

Ele também resumiu que os QCA são "áreas de actividade que devem receber uma atenção constante e cuidadosa da gerência". De acordo com Pinto e Slevin (1987), os QCA são "aqueles factores que, se abordados, melhorariam significativamente as oportunidades de implementação do projecto" (Pinto & Slevin 1987, 22). Peffers et al. (2003) indicam que:

> *Os gestores de topo consideraram os QCA apelativos para o planeamento da SI porque ajudam a justificar o desenvolvimento de novos sistemas estrategicamente importantes, cujos benefícios podem ser difíceis de quantificar.*

> *(Peffers et al. 2003, 55)*

No contexto dos ERP, os QCA para a adopção de ERP são definidos como "factores ou condições que devem ser satisfeitos para assegurar uma adopção bem sucedida do ERP" (Holland & Light 1999, 31; Finney & Corbet. 2007, 330).

Por outras palavras, a identificação dos QCA é essencial para a organização alcançar a missão e os objectivos estratégicos do seu negócio ou projecto. Enquanto a missão e os objectivos se concentram nos objectivos e no que deve ser alcançado, os QCA concentram-se nas áreas mais importantes e chegam ao âmago tanto do que deve ser alcançado como da forma de o alcançar.

O termo CSF foi inicialmente utilizado na análise de dados e análise de negócios. Desde então, tinha sido utilizado extensivamente por várias áreas. Na disciplina de sistemas de informação (SI), este método CSF ajuda os CEOs a especificar as suas próprias necessidades de informação sobre questões críticas para a organização, de modo a que os sistemas possam ser desenvolvidos para satisfazer essas necessidades. De acordo com Williams & Ramaprasad (1998), "há uma grande atenção dedicada ao conceito na literatura sobre SI, pois muitos argumentam que a utilização do QCA pode ter um grande impacto na concepção, desenvolvimento e implementação do SI" (Williams & Ramaprasad 1998, de acordo com Esteves 2004, 47).

5.2 QCA para adopção de ERP

A adopção do ERP é um processo de grande complexidade, com muitas condições e factores que podem afectar potencialmente o processo. Se estas condições estiverem ausentes, podem gerar alguns problemas durante a adopção do novo sistema. Por conseguinte, tem sido uma procura crescente de investigação na área de sucesso do ERP, motivada pela elevada taxa de fracasso observada na adopção do ERP. (Somers, Nelson & Ragowsky 2000, de acordo com Nah & Lau 2003, 6.)

Vários autores têm vindo a estudar o processo de adopção e os seus QCA com o objectivo de melhorar a adopção de ERP em todo o mundo: Holland and Light (1999, 31), Shanks and Parr (2000, 299), Somers and Nelson (2001, 7), Nah et al. (2001, 295), etc. Como resultado, foram encontrados muitos QCA em estudos de investigação. Eles representam diferentes aspectos da adopção de ERP: pessoas, questão técnica, cultura, gestão, comunicação, hardware e software. O ponto comum é que muitos QCA estão inter-relacionados; assim, a falta de um factor pode afectar outros e todo o projecto. (Nah & Lau 2003, 9; Finney & Corbet 2007, 329).

Um dos estudos mais extensivos é o modelo da Holanda e da Luz (1999, 31). Realizaram alguns estudos de casos de implementação de sistemas ERP numa série de indústrias. A Holland and Light propôs um quadro de investigação do QCA onde os QCA foram agrupados em factores estratégicos e tácticos. A figura 8 apresenta as suas conclusões.

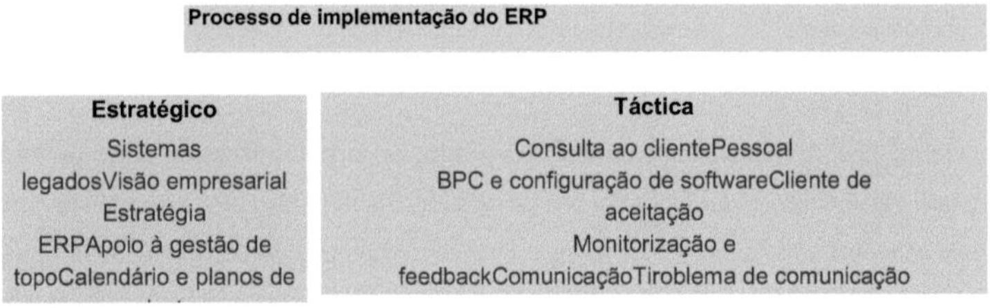

Processo de implementação do ERP

Estratégico	Táctica
Sistemas legadosVisão empresarial Estratégia ERPApoio à gestão de topoCalendário e planos de	Consulta ao clientePessoal BPC e configuração de softwareCliente de aceitação Monitorização e feedbackComunicaçãoTiroblema de comunicação

Nota: BPC = Business Process Change

FIGURA 8. Um modelo de factores críticos de sucesso com factores estratégicos e tácticos (Holland & Light 1999, 31).

Utilizando as respostas de 86 organizações que implementam ERP, Somers e Nelson (2001) descreveram a importância dos factores críticos de sucesso em todo o ciclo de vida do ERP. Eles resumiram uma lista de 22 QCA para a adopção de ERP. Os cinco QCA mais importantes foram: apoio à gestão de topo, competência da equipa de projecto, cooperação interdepartamental, metas e objectivos claros e gestão de projectos. (Somers & Nelson 2001, 7.)

Finney e Corbett (2007) reviram 70 artigos e 45 artigos foram considerados como contendo factores de sucesso. No total, foram encontradas 26 categorias de QCA. O quadro 3 abaixo resume os seus resultados. (Finney & Corbet 2007, 340.)

QUADRO 3. Análise da frequência dos QCA na literatura (Finney & Corbet 2007, 340).

Factor crítico de sucesso	Número de casos citados na literatura
Compromisso e apoio da gestão de topo	25
Gestão de mudanças	25
BPR e configuração de software	23
Formação e redesenho de trabalho	23
Equipa de projecto: a melhor e mais brilhante	21
Estratégia e calendário de implementação	17
Selecção e relação de consultores	16
Visionamento e planeamento	15
Equipa equilibrada	12
Campeão do projecto	10
Plano de comunicação	10
Infra-estruturas informáticas	8
Gerir a mudança cultural	7
Avaliação pós-implementação	7
Selecção de ERP	7
Moral e motivação da equipa	6
Baunilha ERP	6
Gestão de projectos	6
Resolução de problemas/gestão de crises	6
Consideração do sistema legado	5
Conversão e integridade dos dados	5
Testes de sistema	5
Consulta ao cliente	4
Planeamento e gestão de custos do projecto	4
Construir um caso de negócio	3
Tomadores de decisão capacitados	3

Nota: BPR = Business Process Reengineering (Reengenharia de Processos Empresariais)

Através de uma extensa revisão bibliográfica, o autor identificou oito QCA para posterior discussão e análise no estudo de caso: visionamento e planeamento, apoio e empenho da gestão de topo, gestão da mudança, infra-estrutura informática, trabalho de equipa e composição de ERP, BPR e personalização mínima, competência e parceria externas, e utilizadores finais: envolvimento, educação e formação. Como se pode ver, alguns QCA foram a combinação de dois ou mais QCA acima. O Quadro 4 apresentou oito QCA e os seus principais autores na literatura que o autor adaptou de Nah et al. 2001 e o desenvolveu com base na sua proposta.

QUADRO 4. Revisão sobre os QCA para adopção de ERP (adaptado de Nah et al. 2001, 288).

\CSFs AUTORES	Visionamento e planeamento	Apoio e compromisso da gestão de topo	Gestão de mudanças	Infra-estruturas informáticas	Trabalho de equipa e composição do ERP	BPR e personalização mínima	Competência externa e parceria	Utilizadores finais: envolvimento, educação e formação
Bingi et al. (1999)	X	X	X		X			X
Somers e Nelson (1999, 7)	X	X	X		X	X	X	X
Falkowski et al. (1998)	X		X		X			
A Holanda e a Luz (1999, 31)	X	X	X	X	X	X	X	
Nah et al. (2001, 289-293)	X	X	X	X	X	X		
Shanks e Parr (2000, 299)	X	X	X		X	X	X	X
Rosário 2000	X		X		X	X		
Remus (2007, 541-549)	X	X	X		X	X	X	X
Woo (2007, 439)		X	X		X		X	X
Françoise (2009, 381-387)	X	X	X		X		X	X

Nota: BPR = Business Process Reengineering, IT = Tecnologia da Informação

Como diferentes factores são importantes em diferentes fases, é necessário classificar os oito QCA identificados no processo de adopção do ERP. A figura 9 mostra a classificação destes factores num processo de adopção de ERP, que é adaptado do modelo 2000 de Markus & Tanis.

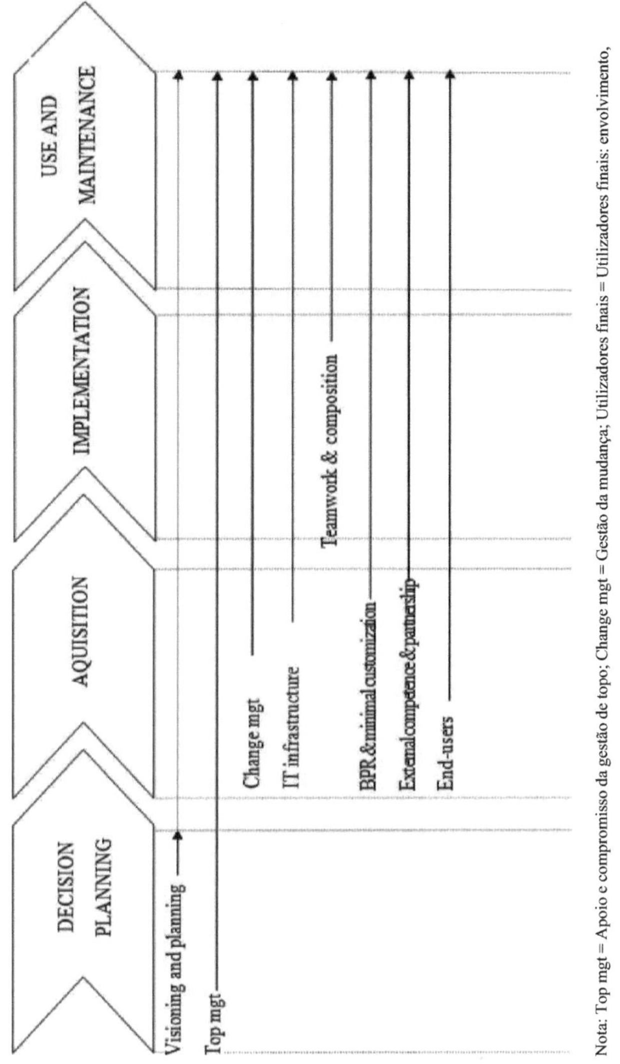

FIGURA 9. Classificação dos QCA no processo de adopção do ERP (adaptado do modelo 2000 de Markus & Tanis, de acordo com Nah et al. 2001, 290).

5.3   Quadro conceptual

O quadro conceptual revela o objectivo principal deste estudo que examina a importância dos oito QCA acima identificados para o sucesso da adopção do ERP do caso. Este quadro é mostrado na figura 10.

FIGURA 10. O quadro conceptual (adaptado de Thong et al. 1996, de acordo com Ifinedo 2008, 554).

5.4 Discussões sobre os QCA identificados

5.4.1 Visionamento e planeamento

A visão e o planeamento são necessários ao longo de todo o processo de adopção do ERP. É importante ter um plano de negócios e uma visão claros para orientar a direcção do projecto. Este plano deve indicar benefícios estratégicos e tangíveis, recursos, custos, riscos, e cronograma. Além disso, é necessário ter um modelo de negócio claro descrevendo como a empresa irá funcionar após a fase de implementação (Buckout et al. 1999, Holland et al. 1999, Wee 2000, segundo Nah et al. 2001, 291).

Além disso, o plano de negócios e a visão a longo prazo devem determinar os objectivos e a viabilidade do projecto por parte da empresa. Além disso, deve ser definido como o projecto mais importante da empresa e todas as decisões tomadas em relação ao mesmo devem ser previamente acordadas por toda a equipa de gestão (Collins 2001, de acordo com Remus 2007, 542). Em seguida, os objectivos devem ser específicos ao âmbito do projecto, os utilizadores finais devem ser afectados e a linha temporal deve ser prática e formulada (Françoise 2009, 383).

Globalmente, as seguintes características para este factor podem ser resumidas:
- Um plano de negócios e uma visão clara orientam a direcção do projecto.
- O plano de negócios deve indicar benefícios estratégicos e tangíveis, recursos, custos, riscos e cronograma.
- Um modelo empresarial claro descreve como a empresa irá funcionar após a implementação.
- O plano de negócios e a visão devem determinar os objectivos e a viabilidade do projecto por parte da empresa.
- O projecto ERP é definido como o projecto mais importante.
- Os objectivos devem ser específicos ao âmbito do projecto, os utilizadores finais têm de ser afectados
- A linha temporal deve ser prática e formulada

5.4.2 Apoio e compromisso da gestão de topo

O apoio e empenho da gestão de topo é um dos dois QCA mais amplamente aceites. Este factor enfatiza a importância do apoio e empenho dos gestores de topo e dos gestores de topo que participam no planeamento estratégico e que são também tecnicamente orientados. (Yusuf et al. 2004, de acordo com Finney & Corbett 2007, 335).

É necessário apoio e empenho da gestão de topo durante todo o processo de adopção do ERP porque o projecto deve receber aprovação e alinhar-se com os objectivos estratégicos do negócio. Os gestores de topo devem comprometer-se a envolver-se no projecto para atribuir os recursos de pessoal necessários à implementação e dar o tempo apropriado para concluir o trabalho. Uma visão partilhada da empresa e o papel do novo sistema e estruturas deve ser comunicada entre gestores e funcionários. Além disso, os gestores de topo devem ser as pessoas que devem harmonizar quaisquer conflitos entre as partes internas e externas. (Bingi 1999, Buckhout 1999, Sumner 1999, Roberts & Barrar 1992, de acordo com Nah et al. 2001, 291).

A gestão de topo não deve confiar as suas funções de implementação do ERP aos seus departamentos tecnológicos porque é mais do que um desafio tecnológico. O planeamento do projecto, a formação da equipa do projecto, a escolha do pacote ERP e do implementador do ERP, o patrocinador e o supervisor do projecto estão entre as funções que só podem ser desempenhadas pelos gestores de topo. (Woo 2007, 435.)

As seguintes características para este factor podem ser resumidas:
- É necessário um elevado apoio e aprovação da gestão de topo durante o processo de adopção.
- A gestão de topo não deve confiar as tarefas na implementação do ERP.
- Os gestores de topo devem comprometer-se a envolver-se no projecto e a atribuir os recursos de pessoal necessários.
- Os gestores de topo devem ser as pessoas a harmonizar quaisquer conflitos entre os membros internos e externos da equipa.
- A estrutura e os papéis da nova empresa devem ser comunicados aos empregados.

5.4.3   Gestão de mudanças

A gestão da mudança é o outro QCA mais amplamente aceite. A implementação de um sistema ERP também significa que haverá algumas mudanças na empresa. A gestão da mudança é um método ou procedimento para gerir eficazmente a transição da utilização de sistemas antigos para a adopção de novos sistemas. Na adopção de um ERP, este factor refere-se à necessidade de uma empresa e dos seus funcionários prontos para as mudanças. Especificamente, uma empresa deve preparar formalmente o mais cedo possível um programa de gestão da mudança para lidar com os problemas organizacionais complexos da resistência dos empregados, confusão e despedimentos, e erros relacionados com o novo sistema. Os gestores de topo podem informar os funcionários sobre o novo projecto nas fases iniciais ou construir a aceitação dos utilizadores através da educação sobre os benefícios e a necessidade de um sistema ERP, a fim de obter atitudes positivas em relação ao mesmo. O programa de mudança deve abranger o envolvimento e a formação dos utilizadores finais na fase de implementação e estes devem ser apoiados regularmente pela gestão de topo ou pela equipa de implementação. O planeamento do projecto deve ser encarado como uma iniciativa de gestão da mudança e não como uma iniciativa informática. (Aladwani 2001, 269; Remus 2007, 541; Nah et al. 2001, Abdinnour-Helm et al. 2003, Ross & Vitale 2000, Kumar et al. 2002, Wood & Caldas 2001, de acordo com Finney & Corbet 2007, 336; Francoise 2009, 382).

Além disso, a gestão da mudança cultural é considerada uma subcategoria da gestão da mudança. É fundamental prestar atenção às diferenças e preferências culturais em cada empresa e no seu país, tais como língua e cultura, regulamentos governamentais, estilo de gestão, fuso horário e competências laborais. O empenho e apoio da gestão é o factor crucial para assegurar as condições necessárias para uma mudança eficaz trazida pelo projecto ERP para a empresa. (Aladwani 2001, 272; Sheu et al. 2003, de acordo com Sheu et al. 2005, 2; Finney & Corbet 2007, 336)

As seguintes características para este factor podem ser resumidas:
- Uma empresa e os seus empregados devem estar prontos para mudanças.
- Uma empresa deve informar os seus empregados sobre o projecto com antecedência.
- O programa de mudança deve abranger o envolvimento e a formação dos utilizadores finais na fase de implementação e estes devem ser apoiados regularmente.
- O planeamento do projecto deve ser encarado como uma iniciativa de gestão da mudança e não como uma iniciativa informática
- O programa de mudança deve gerir as mudanças culturais.

5.4.4 Infra-estruturas informáticas

A questão da infra-estrutura informática é uma das razões para a elevada taxa de falhas na adopção do ERP. Por conseguinte, é fundamental avaliar a actual prontidão da empresa em matéria de TI, incluindo arquitectura e competências, antes da implementação. Uma vez que a implementação de ERP envolve uma transição complexa de sistemas e processos empresariais herdados para uma infra-estrutura integrada e um processo empresarial comum a toda uma empresa, é necessário actualizar ou renovar a infra-estrutura de TI pouco actual. (Huang et al. 2004, de acordo com Woo 2007, 432; Siriginidi 2000a, b, Somers & Nelson 2001, Tarafdar & Roy 2003, Somers & Nelson 2004, Bajwa et al. 2004, de acordo com Finney & Corbet 2007, 338).

As seguintes características para este factor podem ser resumidas:
- A infra-estrutura informática deve ser avaliada previamente para que satisfaça os requisitos do sistema ERP.

5.4.5 Trabalho de equipa e composição do ERP

Este é mais um CSF amplamente citado na revisão bibliográfica, uma vez que o projecto ERP é um grande projecto numa empresa e pode envolver todos os departamentos funcionais dessa empresa. A equipa do projecto deve conter uma mistura de pessoal interno e externo para que o pessoal interno possa desenvolver competências técnicas para a concepção, implementação e utilização posterior. O pessoal interno deve ser uma mistura de técnicos, peritos empresariais e utilizadores finais de diferentes unidades de negócio na empresa. Além disso, devem ser equilibrados e ter pessoal chave na empresa. Além disso, a equipa do projecto deve ser habilitada na tomada de decisões para o progresso contínuo da implementação. O pessoal externo deve conter implementadores, fornecedores e consultores de ERP bem conhecidos. (Falkowski et al. 1998, Bingi et al. 1999, Buckhout et al. 1999, Rosario 2000, Shanks et al. 2000, Wee 2000, de acordo com Nah & Lau 2003, 12; Finney & Corbet 2007, 337; Woo 2007, 436).

Além disso, a equipa do projecto deve dedicar-se a trabalhar a tempo inteiro no projecto. Por conseguinte, precisam de ser apoiadas, encorajadas e recompensadas para manter um elevado entusiasmo durante a implementação. A comunicação entre as várias partes é também vital e precisa de ser gerida por reuniões ou seminários regulares. (Nah & Lau 2003, 12; Alexis Leon 2008, 542).

Além disso, o gestor de projecto nomeado deve ser experiente, possuir conhecimentos empresariais e de TI, fortes capacidades de liderança e ter autoridade adequada para gerir todos os aspectos do projecto. Além disso, o gestor de projecto deve ser uma mistura de requisitos técnicos, comerciais e de gestão de mudanças. É também importante que ele compreenda o processo empresarial da empresa. Um gestor de projecto competente tem um papel crucial nas implementações de ERP (Nah & Lau

2003, 18; Remus 2007, 544; Woo 2007, 436; Françoise 2009, 381).

As seguintes características para este factor podem ser resumidas:
- A equipa do projecto deve ser mista de pessoal interno e externo.
- O pessoal interno deve ser uma mistura de pessoal chave multifuncional e deve ter competências tanto comerciais como de TI.
- A equipa do projecto deve estar habilitada a realizar as tarefas.
- A equipa do projecto deve ser dedicada ao projecto.
- A equipa do ERP deve receber compensações e incentivos.
- Boa comunicação entre os membros da equipa.
- O gestor do projecto deve ter experiência, uma mistura de conhecimentos empresariais e de TI, fortes capacidades de liderança e ter autoridade adequada.

5.4.6 BPR e personalização mínima

Um processo é "uma forma organizacional lateral ou horizontal que encapsula a interdependência de tarefas, papéis, pessoas, departamentos e funções necessárias para fornecer a um cliente um produto ou serviço". Um processo empresarial é "composto pelas pessoas que o conduzem, as ferramentas que utilizam para os ajudar, os procedimentos que seguem e os fluxos de material e informação entre as várias pessoas, grupos e subactividades". O processo empresarial inclui o processo operacional e de infra-estruturas. O processo operacional refere-se a funções empresariais tais como desenvolvimento de produtos, gestão de encomendas e apoio ao cliente, enquanto que o processo de infra-estruturas é mais administrativo, incluindo o estabelecimento e implementação de estratégias e a gestão de recursos humanos ou activos físicos. (Earl 1994, 13; Tjaden et al. 1996, de acordo com Pastor et al. 2002, 2; Olson

2004, de acordo com Yingjie 2005, 27).

Segundo Hammer & Champy (1993), a BPR é "o repensar fundamental e o redesenho radical dos processos empresariais para alcançar melhorias dramáticas em medidas críticas e contemporâneas de desempenho, tais como custo, qualidade, serviço e rapidez" (Hammer & Champy 1993, 32). A importância da BPR é criar a melhor forma de fazer negócios, pelo que muda a forma de trabalhar de uma empresa. Kale (2000) enfatiza "o resultado mais importante de BPR tem sido ver as actividades comerciais como mais do que uma colecção de tarefas individuais ou mesmo funcionais; gerou a visão do negócio orientada para o processo" (Kale 2000, 132). Para ser claro, a estratégia empresarial da empresa indica *o que* quer fazer, BPR indica *como fazê-lo* e o sistema ERP responde à pergunta *com o quê*. Existem várias técnicas de modelização utilizadas no processo BPR: métodos orientados para o fluxo de dados (diagramas de fluxo de dados, fluxogramas), métodos orientados para objectos (diagrama de caso de utilização, diagrama de estados, e diagrama de actividade) e métodos orientados para o fluxo de controlo (diagramas de swimlane) (Weske 2007, 347).

Os sistemas ERP fornecem as melhores práticas na realização de negócios para domínios industriais, não para uma empresa específica. Por conseguinte, muitas empresas consideram a possibilidade de personalizar o software ERP para se adaptar às suas características empresariais ou mesmo aos seus processos empresariais.

Na literatura, BPR e a personalização mínima é o terceiro QCA mais frequentemente citado. A fim de obter todos os benefícios da implementação do ERP, aconselha-se a reengenharia dos processos empresariais existentes para as melhores práticas integradas no sistema. Em primeiro lugar, o sistema ERP em si não pode melhorar o desempenho da empresa sem reengenharia do processo empresarial actual. Outra razão é que a modificação do software irá causar alguns problemas, incluindo o custo da licença do software, erros de código, manutenção e dificuldade na actualização para versões e lançamentos mais recentes. Uma vez que o sistema ERP esteja em uso, a BPR deve continuar com novas ideias e actualizações para obter todos os benefícios do sistema. Em suma, a empresa deve estar disposta a alterar os seus processos empresariais para se adaptar ao software, a fim de minimizar o grau de personalização necessário. (Bingi et al. 1999, Holland et al. 1999, Murray & Coffin 2001, Roberts & Barrar 1992, Shanks et al. 2000, de acordo com Nah & Lau 2003, 11; Finney & Corbet 2007, 338; Françoise 2009, 384).

As seguintes características para este factor podem ser resumidas:
- Fazendo BPR e alinhando os processos empresariais com o software ERP.
- Fazendo uma personalização mínima ao software.

5.4.7 Competência externa e parceria

Devido à complexidade da implementação de um sistema ERP, é necessário que a empresa coopere com o consultor ERP, excepto o implementador do ERP e o fornecedor do ERP. O consultor de ERP ou empresa de consultoria deve ser envolvido assim que a empresa se aperceba das suas necessidades para o projecto ERP. O papel dos consultores ERP é o de consultar a empresa na definição de novos processos de negócio e na escolha do pacote ERP adequado. Por conseguinte, o consultor deve ter múltiplas competências cobrindo questões funcionais, técnicas e um conhecimento profundo do software. Três partes externas acima referidas devem ser profissionais, experientes para fornecer conhecimentos de know-how e formação ao pessoal interno. O mais importante é assegurar que as partes externas se envolvam em diferentes fases do projecto ERP. Além disso, é essencial para a empresa gerir bem a sua parceria. Muitos investigadores sublinham a importância da competência externa e da parceria. (Guang- hui et al. 2006, 558; Trimmer et al. 2002, Bajwa et al. 2004, Kraemmergaard & Rose 2002, Al- Mudimigh et al. 2001, Bingi et al. 1999, Skok & Legge 2002, Kalling 2003, Willcocks & Stykes 2000, Motwani et al. 2002, de acordo com Finney & Corbet 2007, 338; Francoise 2009, 387).

As seguintes características para este factor podem ser resumidas:
- O consultor ERP deve ter múltiplas competências que abranjam questões funcionais, técnicas e um conhecimento profundo do software
- Os parceiros externos devem ser experientes e profissionais.
- Os parceiros externos devem envolver-se em diferentes fases do projecto ERP.
- A empresa precisa de gerir bem a parceria externa.

5.4.8 Utilizadores finais: envolvimento, educação e formação

É definitivamente essencial para o sucesso da adopção do ERP. Os utilizadores finais devem ser envolvidos na fase inicial de concepção e implementação para melhorar os requisitos dos utilizadores e compreender o novo sistema, bem como dar feedback do seu próprio ponto de vista para melhorar a qualidade do sistema. Uma vez que os utilizadores finais compreendem as ideias do novo sistema mais cedo, terão uma atitude positiva; a sua resistência ao novo sistema será reduzida; e a formação será mais facilmente aceite. Além disso, o envolvimento dos utilizadores finais é útil na análise da configuração do ERP e na conversão de dados, assim como nos testes do sistema. (Pastor et al. 2004, 131; Yingjie 2005, 37; Finney & Corbet 2007, 342; Francoise 2009, 387).

O objectivo da educação e formação dos utilizadores finais é ajudá-los a habituarem-se gradualmente a novos hábitos de trabalho por detrás do novo sistema. Por outras palavras, devem ser educados nos novos processos empresariais e saber como utilizar o sistema correctamente. Assim, deve haver um plano adequado de instalações de formação e orçamento para assegurar uma formação eficaz e contínua aos utilizadores finais existentes e aos recém-chegados. O departamento interno de TI e o pessoal externo devem desempenhar o papel principal na educação e formação. A educação e a formação devem ser levadas a cabo com seriedade e os utilizadores finais devem ser apoiados durante o programa de formação. Além disso, a direcção deve considerar como atribuir os utilizadores finais após a fase de implementação do ERP. (Yingjie 2005, 34, Finney & Corbet 2007, 339).

De acordo com Yingjie (2005, 35), algumas dificuldades na formação dos utilizadores são a diversidade dos utilizadores (competências TI, idade), a complexidade dos novos sistemas (interfaces, funções) e os diferentes métodos de formação disponíveis (formação virtual baseada na web, formação baseada em computador, e cursos de vídeo).

As seguintes características para este factor podem ser resumidas:
- Os utilizadores finais devem ser envolvidos na fase inicial de concepção e implementação.
- Os utilizadores finais devem ser instruídos sobre novos processos empresariais e saber como utilizar o sistema correctamente.
- Deve haver um plano adequado de instalações de formação e orçamento para assegurar uma formação eficaz e contínua para os utilizadores finais existentes e os recém-chegados
- A educação e a formação devem ser levadas a cabo com seriedade e os utilizadores finais são apoiados durante o programa de formação.
- A gestão precisa de considerar como alocar os utilizadores finais após a fase de implementação do ERP.

6. ESTUDO DE CASO

6.1 Antecedentes da empresa

Segundo o Euromonitor, uma empresa de pesquisa de mercado global especializada em indústrias, países e consumidores, a ABC Ltd. é o principal fabricante de produtos lácteos no Vietname. Em 2010, os seus produtos detinham 39% da quota de mercado, desde produtos lácteos essenciais, como leite líquido e em pó, até produtos lácteos de valor acrescentado, como leite condensado, iogurte para beber e colher, gelado e queijo. Desde o início da operação em 1976, a ABC Ltd. cresceu fortemente com uma taxa de crescimento anual composta de 7% e agora produzia 570.406 toneladas anuais com mais de 4000 empregados.

Em 2010, a ABC teve vendas brutas de 575 milhões de dólares americanos, e um rendimento líquido de 129 milhões de dólares americanos e, o seu valor de mercado representa 1,56 mil milhões de dólares americanos. A empresa foi também designada como uma Marca Famosa e uma das 100 Marcas Mais Fortes do Vietname.

6.2 Descrição do projecto ERP

O projecto ERP do ABC foi iniciado de [15] de Março de 2005 a [1 de] Janeiro de 2007 e o investimento total foi de 3,6 milhões de dólares americanos, incluindo a actualização de hardware, software e outros custos. Os critérios de sucesso utilizados foram a boa qualidade do sistema, a qualidade da informação e o impacto em cada empregado, um único departamento que a Oracle é implementado e toda a empresa. A figura 11 ilustra a medição do sucesso da implementação aplicada ao ABC.

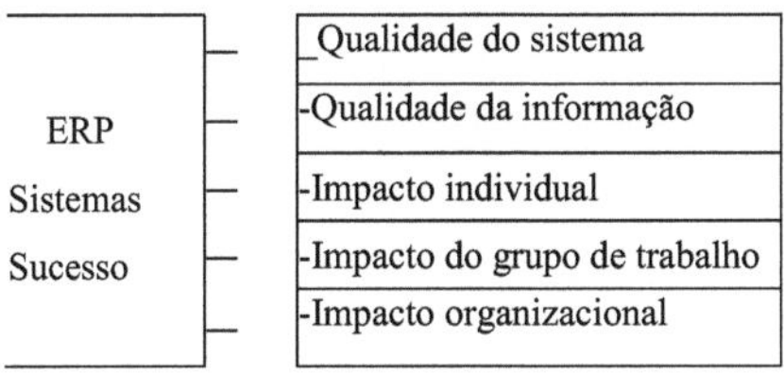

FIGURA 11. Sucesso na implementação do ERP aplicado (ABC 2011).

Para a implementação do sistema Oracle EBS, houve três empresas que cooperaram com a ABC: o implementador do ERP - Z Ltd, o fornecedor do ERP - Oracle, e a única empresa de consultoria - KPMG. Após considerar uma série de diferentes pacotes ERP, a ABC optou por implementar as seguintes aplicações principais do Oracle E-Business Suite:

Gestão financeira e contabilística
- General Ledger
- Bens fixos
- Contas a pagar
- Contas a Receber
- Gestão de dinheiro

Gestão do fabrico
- Planeamento de Requisitos de Material/ Programação da Produção Principal
- Trabalho em processo
- Lista de Material
- Gestão da Qualidade
- Gestão de custos

Gestão da cadeia de fornecimento
- Compras
- Gestão de encomendas
- Inventário

Business intelligence (BI): capacidades analíticas e de elaboração de relatórios.

6.2.1 Fase de planeamento da decisão

No final dos anos 90 e início dos anos 2000, o ABC conheceu um período de crescimento elevado (taxa de crescimento de 25% durante 1998 - 2004). No entanto, a gestão de topo do ABC reconheceu que os antigos sistemas não eram capazes de lidar com o rápido aumento da produção. O Sr. Tran, gestor de TI da ABC, partilhou da entrevista:

> *A modernização das TI foi uma questão indispensável na estratégia empresarial a longo prazo do ABC. Dois sistemas anteriores, o fabrico e a distribuição, não podiam assegurar o fornecimento de informação atempada e exacta para os processos de fabrico, gerindo bens redundantes no inventário e no marketing. Por conseguinte, a gestão de topo veio a perceber a necessidade de implementar um sistema ERP para resolver estes problemas.*
>
> *(Sr. Tran 2011).*

Além disso, a adopção do ERP foi desejada para ajudar a melhorar a vantagem competitiva e a gestão, uma vez que o Vietname aderiu à OMC. A Sra. Ngo, vice-presidente da ABC, acrescentou:

> *Em 2003, o Vietname estava a negociar a sua adesão à OMC. A estratégia da empresa consistia em normalizar os sistemas informáticos, os processos empresariais e reestruturar a empresa de modo a melhorar a competitividade da empresa. A implementação do ERP apoiaria os nossos empregados e centralizaria a informação das actividades empresariais, para que a tomada de decisões e o planeamento da estratégia empresarial fossem realizados mais rapidamente e de forma mais eficiente.*

> *(Sra. Ngo 2011).*

Assim, em Janeiro de 2004, o ABC solicitou a assistência da KPMG, uma rede global especializada na prestação de serviços de Auditoria, Impostos e Consultoria, para consultar a empresa na implementação do novo sistema ERP. Foi feita uma análise de viabilidade e o BPR inicial. A análise de viabilidade investigou os requisitos do novo sistema, incluindo tecnologia, custos, recursos humanos e antecipou alguns impactos nos processos de trabalho em toda a empresa. O objectivo do BPR era definir novos processos empresariais que o ABC iria cumprir. Uma expectativa inicial de benefícios foi também tornada clara. A gestão de topo da ABC esperava obter benefícios tais como a normalização da infra-estrutura de TI, integração de informação, redução dos custos de fabrico, gestão em tempo real, aumento da eficiência e eficácia nas operações, melhoria da competitividade.

6.2.2   Fase de aquisição

Através da investigação da actual infra-estrutura de TI, a ABC descobriu que não podia satisfazer os requisitos do novo sistema ERP. Em Março de 2004, um enorme investimento de 2,5 milhões de dólares americanos foi investido na modernização da infra-estrutura de TI. A ABC seleccionou a IBM para fornecer soluções para centros de dados, sistema informático anfitrião, sistema de armazenamento, sistema de recuperação e software de gestão de aplicações.

Em meados de 2004, o Vietname esteve nas últimas negociações de adesão à OMC. Os gestores da ABC perceberam que era o momento adequado para iniciar o projecto e, além disso, os preparativos estavam prontos.

Na primeira etapa, a empresa formou uma equipa de aquisição e nomeou-a "ERP2004". A Sra. Ngo foi colocada a cargo do esforço do projecto. Outros membros consistiam em gestores de diferentes departamentos da empresa: TI, finanças, contabilidade, logística, fabrico, vendas e pesquisa e desenvolvimento e os representantes da KPMG. A tarefa era investigar, avaliar e escolher o pacote ERP mais adequado à infra-estrutura e necessidades de TI da empresa. Foi seleccionado um implementador de ERP com base na experiência na implementação de sistemas ERP, os seus parceiros, e os seus recursos quantitativos e qualitativos.

Foi escolhida uma pequena lista de implementadores de ERP, contactados e solicitados a preparar uma demonstração para a equipa "ERP2004". Nos resultados finais, a equipa de aquisição optou por implementar 4 módulos de aplicação do Oracle E Business Suite 11i com o apoio de Z Ltd. - o implementador de ERP (tarefas de implementação, consultoria, formação, etc.), Oracle - o fornecedor de ERP (questões técnicas.) Em [15] de Março de 2005, foi assinado um contrato oficial para a implementação do sistema Oracle EBS pela ABC e Z Ltd.

6.2.3   Fase de implementação

Equipa de projecto de pessoal

Durante o período de implementação, o ABC formou duas equipas primárias. Primeiro, o comité de direcção foi chefiado pela Sra. Ngo e incluiu gestores de todos os departamentos da empresa, bem como os representantes da KPMG. Em segundo lugar, uma equipa de projecto de 100 pessoas era composta por membros do departamento de TI e vários dos funcionários-chave de cada unidade de negócio. Nessa equipa, havia vinte operadores concentrados na introdução de informação. Os membros do projecto foram afastados das suas funções diárias e trabalharam no projecto a tempo inteiro. Foram divididos em 4 subequipas para diferentes tarefas, na condição de cada subequipa ter membros inter-funcionais. Os recursos externos incluíam 20 pessoas da Z Ltd., 5 pessoas da KPMG, 8 pessoas da Oracle. A Sra. Ngo era continuamente a supervisora do projecto. O Sr. Tran foi nomeado para o cargo de gestor do projecto. Ele tinha mais de dez anos de trabalho para a ABC e experiência na implementação de vários projectos de SI e ERP (contratos de cooperação com outras empresas.) No total, a equipa de projecto era composta por 150 pessoas.

Plano de implementação

O projecto foi oficialmente iniciado a 15 de Março de 2005. Foi desenvolvido um plano de projecto claro baseado em objectivos de projecto claros, âmbito, cronograma, orçamento e pessoal. Estava previsto que levasse 22 meses a implementar o sistema por completo. O investimento inicial, excluindo a actualização da infra-estrutura de TI, foi de quase um milhão de dólares americanos. Todos os factores de risco e plano de contingência foram também definidos. O plano também estabelecia políticas de incentivo para a equipa do projecto. Havia quatro módulos a serem implementados: gestão financeira e contabilística, gestão do fabrico, gestão da cadeia de fornecimento e BI. O objectivo era implementar o sistema em treze locais diferentes: a sede do ABC, inventários e as suas fábricas em todo o país. A tabela 5 abaixo resume o plano de implementação do sistema Oracle EBS.

QUADRO 5. Plano de implementação do sistema Oracle EBS do ABC (ABC 2011).

FACTOR	PLANO
Módulos a implementar	4
Investimento total ($)	$ 1 M
Duração de implementação	21 meses
Membros do projecto	150
Âmbito de implementação	13 localizações

Abordagem de implementação

A fim de implementar o SEE Oracle, foi utilizada a abordagem faseada. Como o Sr. Tran explicou:

> *Foi demasiado difícil implementar o sistema Oracle em treze locais diferentes ao mesmo tempo. Algumas fábricas estavam localizadas em Ha Noi e noutras províncias enquanto a sede da empresa se situava na cidade de Ho Chi Minh. Além disso, podíamos voltar a utilizar os sistemas antigos no caso de o novo sistema não funcionar bem.*

> *(Sr. Tran 2011)*

No início, o sub-módulo de gestão da cadeia de abastecimento foi implementado para o departamento logístico. A gestão da produção, gestão financeira e contabilística e BI foram então implementadas.

BPR e personalização

Uma vez que a ABC planeou reengenharia extensiva dos seus processos empresariais, não foi necessário fazer uma análise "tal como está". Em vez disso, houve poucas alterações no código do software para garantir que o sistema satisfizesse os regulamentos financeiros e de relatórios vietnamitas. A equipa de projecto tentou alinhar os processos de negócio da forma mais adequada ao sistema. Ao utilizar técnicas de modelização de processos empresariais, os novos processos empresariais foram ilustrados por diagramas Unified Modeling Laguage (UML). A figura 12 abaixo ilustra um exemplo de processo de recolha de dinheiro (através de bancos, dinheiro) em contas a receber do sub módulo no módulo de gestão financeira e contabilística.

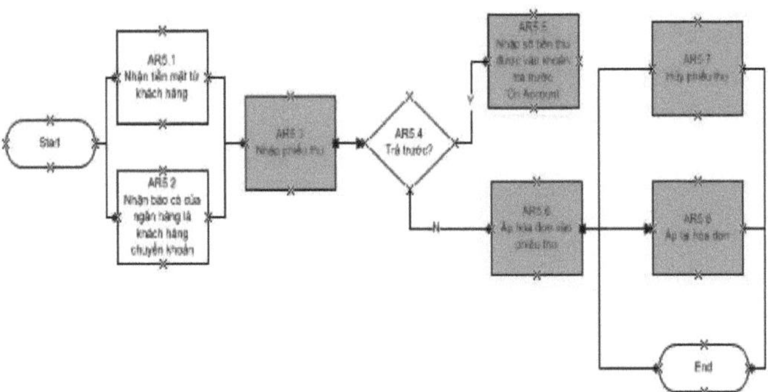

FIGURA 12. Processo de recolha de dinheiro no módulo de contas a receber do sistema Oracle
EBS (ABC 2011).

Criação de dados principais e formato de relatório

Os dados principais eram a informação comercial chave. No caso do ABC, incluía clientes,
fornecedores, distribuidores, produtos, empregados, nome de utilizador, responsabilidade e
hierarquia de aprovação (aprovação contratual). Além disso, a Z Ltd. teve de criar mais de 300
novos formatos de relatórios para contabilidade, finanças, inventário, encomendas, compras, etc.
Todos os formatos de relatórios devem ser cumpridos com todos os regulamentos do Ministério
das Finanças, República Socialista do Vietname.

Configurar aplicação, configuração e integração

Cada sub-módulo foi criado e configurado para ambientes de trabalho adequados dos utilizadores
finais. As interfaces de entrada foram mantidas em inglês, mas as interfaces de saída foram
alteradas para vietnamitas. Em seguida, todos os módulos foram integrados. O trabalho começou
por enfrentar muitos problemas na ligação de alguns módulos.

Testes

Após a correcção de problemas na integração de módulos, foram efectuados ensaios baseados em
vários guiões de teste ou casos de teste. Mais tarde, novos sistemas foram executados em paralelo
com os antigos para comparar os seus resultados. O teste de integração também foi realizado para
assegurar o bom funcionamento de todos os módulos. A fase de teste teve um forte apoio do

pessoal técnico da Oracle.

Vai ao ar

A [1] de Janeiro de 2007, a ABC alegou que o sistema Oracle EBS entrou "em funcionamento" e funcionou sem problemas. A tabela 6 abaixo resume os resultados reais após a implementação bem sucedida do sistema de SEE Oracle.

QUADRO 6. Resultados reais após uma implementação bem sucedida (ABC 2011).

FACTOR	RESULTADOS
Módulos a implementar	4
Investimento total ($)	$ 1.1 M
Duração de implementação	21,5 meses
Membros do projecto	150
Âmbito de implementação	13 localizações
Estado	Conclusão

Educação e formação

Antes da data de implementação, todos os funcionários tinham sido informados sobre o evento, para que não ficassem surpreendidos. A direcção de topo também preparou o orçamento para uma formação substancial. O calendário de implementação de 22 meses continha 7 semanas de formação principal. Todos os funcionários (mesmo o pessoal de TI) com base nos seus departamentos receberam, alternativamente, formação para utilizar o novo sistema e instruíram novos processos. O departamento de TI tinha a responsabilidade de apoiar os utilizadores. O Sr. Tran enfatizou a importância da formação:

> *A educação e a formação foram questões importantes na implementação do novo sistema. Os gestores locais não foram autorizados a retirar empregados da formação, apesar do problema empresarial que surgiu. Os utilizadores devem dominar todas as manipulações relacionadas com o seu trabalho.*

(Sr. Tran 2011)

Conversão de dados

Esta era uma tarefa importante necessária para a migração de sistemas antigos para o sistema Oracle EBS.

Vinte operadores foram nomeados para introduzir os dados com base nos dados principais já criados. Os seus trabalhos foram novamente verificados para assegurar dados de alta qualidade.

Desafios de implementação

A Sra. Ngo, supervisora do projecto, indicou alguns obstáculos na implementação do sistema: "Durante o processo de implementação, a empresa enfrentou muitos obstáculos. Um dos principais relacionados com a aquisição de novos conhecimentos e com a adaptação a novos processos".

O Sr. Nguyen, gerente da Z Ltd., também partilhou alguma experiência obtida com este projecto:

> *Os principais desafios surgiram da implementação do sistema em treze locais diferentes que estavam longe uns dos outros, e a interface do software estava em inglês. Exigia muita formação para que os empregados pudessem manipular facilmente as suas tarefas.*
>
> *(Sr. Nguyen 2011).*

6.2.4   Fase de utilização e manutenção

A partir da documentação da ABC, o sistema Oracle EBS foi plenamente funcional a [1] de Janeiro de 2007. O sistema tem sido mantido regularmente em três meses. A formação dos utilizadores continuou a ser feita.

Após cinco meses de utilização de novos sistemas, os benefícios foram realizados. Alguns dos principais benefícios abaixo foram resumidos a partir de entrevistas e da documentação da ABC:

- Melhoria da produtividade de fabrico, vendas, finanças, compras, contabilidade e encomendas em 20%.
- Redução do trabalho em processo em 40%.
- Os relatórios operacionais foram processados muito mais rapidamente. Após a implementação do sistema Oracle EBS, a preparação de relatórios mensais foi reduzida de 30 dias para 3 dias.
- A gestão em tempo real e a exactidão dos dados foram realizadas
- Melhoria da margem bruta em 10% do total de vendas

- O pessoal de TI obteve muitos conhecimentos e experiência.
- Na contabilidade, o sistema ajudou a minimizar os riscos. Com uma descentralização óbvia, as operações na contabilidade e finanças foram mais suaves do que

anteriormente.

- A infra-estrutura informática foi sincronizada, normalizada e reforçada.

6.3   Análise dos QCAs

Com base em entrevistas, documentação do projecto e revisão da literatura, os QCA propostos serão analisados para verificar como foram geridos e como influenciaram a adopção do sistema de SEE Oracle. Para cada análise de factores, existe uma tabela para apresentar as características resumidas de acordo com os dados requeridos nas teorias.

6.3.1 Visionamento e planeamento

Globalmente, os gestores enfatizaram a importância da visão e do planeamento, enquanto a maioria dos empregados não estava segura sobre a sua influência no sucesso do projecto. Sabiam que havia um plano para implementar o sistema, mas não tiveram oportunidade de ver como era claro e pormenorizado.

QUADRO 7. Factor 1- Visionamento e planeamento.

Visionamento e planeamento	Avaliado
Um plano de negócios e uma visão claros orientam a direcção do projecto	+/+
O plano de negócios deve indicar benefícios estratégicos e tangíveis, recursos, custos, riscos e cronograma	+/+
Um modelo empresarial claro descrevendo como a empresa irá funcionar após a implementação	+/+
O plano de negócios e a visão devem determinar os objectivos e a viabilidade da empresa do projecto	-/+
O ERP é definido como o projecto mais importante	-/+
Os objectivos devem ser específicos ao âmbito do projecto, os utilizadores finais têm de ser afectados	-/+
A linha do tempo deve ser prática e formulada	+/+

+/+ = Mencionado como um factor; -/+ = Não mencionado como um factor, mas considerado importante

Segundo o Sr. Tran (2011), a visão e o planeamento eram realmente importantes para qualquer projecto, e não apenas para projectos de TI especificamente. Este factor contém um conjunto de actividades prévias que influenciariam outras actividades em fases posteriores. Especificamente, os gestores de topo da ABC tinham uma determinação clara do âmbito da implementação, do seu orçamento e recursos de pessoal correspondentes e, do tempo de prontidão para a implementação. Com um âmbito claro para a implementação, o pacote ERP foi seleccionado de forma adequada. Uma vez iniciado o projecto ERP, tínhamos um plano claro com todas as metas e objectivos especificados do projecto, custos e orçamento, cronograma e recursos especificados, e plano de contingência para a gestão dos factores de risco. O orçamento previsto cobria também a formação tanto para os actuais trabalhadores como para os novos trabalhadores. Uma vez que um projecto foi previsto e planeado cuidadosamente, os riscos foram reduzidos e, assim, aumentando a capacidade de sucesso.

Após ter sido tomada a decisão de adoptar o sistema ERP, foi criado um plano de negócios para delinear alguns benefícios estratégicos, recursos, custos, riscos, cronograma e novos processos que o ABC deveria operar por detrás da implementação do ERP. Este plano orientou a direcção do projecto e, portanto, foi importante para o sucesso do nosso projecto. (Sra. Ngo 2011).

Além disso, a visão e o planeamento foram práticos e detalhados para assegurar que todas as tarefas estivessem sob controlo. Na maioria dos projectos ERP falhados anteriormente, houve alguns casos em que a cronologia para a conclusão do projecto foi definida de forma tão optimista, ou mesmo irrealista e levando a prolongar o período de implementação. Isto significava mais empregos, mais custos e menos entusiasmo. O visionamento e planeamento também se referiam às expectativas dos gestores de topo sobre o sistema. Quanto mais alto eles esperavam no sistema, mais arriscado era o projecto. O ABC não foi nesses casos e contribuiu para o sucesso do projecto. (Sr. Nguyen 2011).

6.3.2 Apoio e compromisso da gestão de topo

QUADRO 8. Factor 2 - Apoio e empenho da gestão de topo.

Apoio e compromisso da gestão de topo	Avaliado
A gestão de topo não deve confiar as tarefas na implementação do ERP.	+/+
É necessário um elevado apoio e aprovação da gestão de topo durante o processo de adopção.	+/+
Os gestores de topo devem comprometer-se a envolver-se no projecto e atribuir	+/+
o recurso de pessoal necessário	

Os gestores de topo devem ser as pessoas a harmonizar quaisquer conflitos entre os membros internos e externos da equipa	+/+
A estrutura e os papéis da nova empresa devem ser comunicados aos empregados	-/+

+/+ = Mencionado como um factor

-/+ = Não mencionado como um factor, mas considerado importante

Todos os inquiridos concordaram que o apoio e empenho da gestão de topo era tão crítico para o sucesso do projecto ABC. Em primeiro lugar, notou-se que, nas primeiras etapas da implementação, foi formado um grupo de direcção para dirigir o processo de implementação. A Sra. Trang observou: "para assegurar uma implementação bem sucedida, para além de gastar dinheiro, era necessário tratar dos pormenores". Para além do apoio de parceiros externos, os gestores de topo da ABC criaram as melhores condições para que a equipa do projecto fizesse o seu trabalho. A empresa tinha um plano claro para o pessoal, custos e políticas de incentivo. No ABC, houve um elevado apoio e aprovação por parte da gestão de topo. Todas as mudanças durante e após o projecto foram informadas a todos os funcionários da ABC.

O apoio e empenho da gestão de topo foi considerado o factor mais importante para todo o ciclo de vida do projecto ERP porque apenas os gestores de topo podiam tomar decisões sobre as principais questões como o planeamento do projecto, orçamento, plano de tempo, selecção do fornecedor e consultor ERP e recursos humanos. Os gestores de topo da ABC prestavam geralmente atenção especial ao projecto e davam apoio imediato a quaisquer problemas que ocorriam e infundiam entusiasmo a todos os membros da equipa. Uma vez ocorrido um conflito entre as partes internas e externas, os gestores de topo desempenharam um papel intermediário para harmonizar o ambiente. Além disso, a afectação de recursos humanos era também uma questão espinhosa para os gestores de topo. Normalmente, a implementação de um sistema ERP exigia um grande número de recursos de pessoal e quando o sistema já estava implementado, como é que estes seriam atribuídos? (Sr. Nguyen 2011).

6.3.3 Gestão de mudanças

QUADRO 9. Factor 3 - Gestão da mudança.

Gestão de mudanças	Avaliado
A empresa e os seus empregados devem estar prontos para mudanças.	+/+
A empresa deve informar os seus empregados sobre o projecto com antecedência.	+/+
O programa de mudança deve abranger o envolvimento e a formação dos utilizadores finais na fase de implementação e estes devem ser apoiados regularmente.	+/+
O planeamento do projecto deve ser encarado como uma iniciativa de gestão da mudança e não como uma iniciativa informática.	-/+
O programa de mudança deve gerir as mudanças culturais.	+/+

+/+ = Mencionado como um factor

-/+ = Não mencionado como um factor, mas considerado importante

A implementação do ERP também significou que haveria certamente um impacto significativo em toda a empresa, desde processos, procedimentos a todos os funcionários e departamentos. Assim, a ABC tentou executar diferentes estratégias para que todos os funcionários se familiarizassem com as mudanças vindouras. Em primeiro lugar, a ABC informou todos os funcionários de que a empresa iria implementar o sistema. Mais tarde, foram realizados seminários para que eles pudessem conhecer o novo sistema, os seus benefícios para a empresa e para si próprios e como os seus hábitos normais no desempenho das suas funções seriam alterados. Esta preparação não só impediu a resistência dos trabalhadores ao sistema, como também desenvolveu fortes sentimentos em relação à sua aceitação e adopção. Em segundo lugar, os empregados foram colocados em formação prática, onde tiveram a oportunidade de obter experiência real sobre os atributos de qualidade do sistema e os seus potenciais benefícios. Finalmente, havia duas vantagens para os utilizadores finais participarem no processo de implementação. Por um lado, eles compreenderam o sistema mais cedo; a formação foi, portanto, mais facilmente aceite. Por outro lado, sentiram que tinham um papel importante no projecto, o que assegurava o seu valioso compromisso. Como resultado, a maioria dos funcionários e dos departamentos tinha estado a fazer o seu bom trabalho no novo sistema. (Sra. Ngo, 2011).

A gestão da mudança também se referia à gestão de questões culturais. Os sistemas ERP foram concebidos por países ocidentais e funcionaram com base na sua cultura - um estilo profissional.

Os desafios para a maioria das empresas vietnamitas eram uma gestão fraca, processos tão detalhados e hábitos de trabalho tradicionais. Os sistemas ERP exigiam um processo próximo e preciso, e isto normalmente perturbava os funcionários. Através de seminários e formação, o ABC ajudou gradualmente os funcionários a adaptar-se e a dominar o novo sistema. (Sr. Nguyen, 2011).

6.3.4 Infra-estruturas informáticas

QUADRO 10. Factor 4 - Infra-estruturas informáticas.

Infra-estruturas informáticas	Avaliado
A infra-estrutura informática deve ser avaliada previamente para que satisfaça os requisitos do sistema ERP.	+/+

+/+ = Mencionado como um factor

A modernização das infra-estruturas informáticas foi considerada por todos os inquiridos um factor importante para o sucesso do projecto. Uma vez implementado o sistema, toda a informação seria integrada. Por conseguinte, o sistema de hardware deve assegurar o armazenamento de dados tão volumosos e os seus processos. Além disso, as redes da Internet devem ser estáveis, rápidas e altamente seguras. Devido a esses requisitos, seria muito vantajoso para a fase de implementação e para a fase de utilização e manutenção. Especificamente, não tinham ocorrido avarias e o tempo de implementação tinha sido reduzido. A questão restante era a de formar pessoas para aprenderem a operá-lo sem problemas. O ABC equipou o centro de dados principal e outro para backup. Cada um possuía o mais recente servidor IBM - IBM System p, p significava alto desempenho - e sistema de armazenamento IBM DS8100 com capacidade de 10 terabytes, peso de 1 tonelada. (Sr. Tran, 2011).

Uma infra-estrutura informática sincronizada e padronizada era tão importante antes de se iniciar o projecto. Isto podia ser comparado com a construção de uma nova casa onde a infra-estrutura TI era a base e as restantes tarefas eram a instalação e configuração do software para melhor se adequar a essa base. (Sr. Nguyen, 2011).

6.3.5   Trabalho de equipa e composição do ERP

QUADRO 11. Factor 5 - Trabalho de equipa e composição do ERP.

Trabalho de equipa e composição do ERP	Avaliado
A equipa do projecto deve ser mista de pessoal interno e externo.	+/+
O pessoal interno deve ser uma mistura de funcionários-chave inter-funcionais e deve ter competências empresariais e de TI.	+/+
A equipa do projecto deve estar habilitada a realizar as suas tarefas.	-/+
A equipa do projecto deve ser dedicada ao projecto.	+/+
A equipa do ERP deve receber compensações e incentivos.	+/+
Boa comunicação entre os membros da equipa.	+/+
O gestor do projecto deve ter experiência, uma mistura de conhecimentos empresariais e de TI, fortes capacidades de liderança e ter autoridade adequada.	-/+

+/+ = Mencionado como um factor

-/+ = Não mencionado como um factor, mas considerado importante

Outro factor amplamente acordado que teve impacto no sucesso da implementação foi o trabalho de equipa e composição do ERP. Para além da infra-estrutura informática, a questão da preparação dos recursos humanos tinha sido iniciada em breve. Os funcionários potencialmente escolhidos para o projecto seriam entregues aos juniores ou colegas de trabalho para assegurar o funcionamento normal durante o período de implementação e os membros da equipa poderiam trabalhar a tempo inteiro no projecto. Foram também dadas políticas de incentivo à equipa do projecto para os encorajar a trabalharem de forma mais positiva no projecto. (Sra. Ngo 2011).

Os membros da equipa interna eram funcionários-chave de departamentos multifuncionais, para que pudessem partilhar informação com outros departamentos e prevenir quaisquer conflitos durante a implementação. Esta comunicação foi importante porque todos os quatro módulos implementados foram integrados de perto. Se houvesse uma pequena mudança num módulo, isso afectaria os outros. Além disso, estes actores-chave seriam factores cruciais na formação dos utilizadores, e no controlo do novo sistema no futuro. Em geral, todos os inquiridos mencionaram que os membros da equipa eram uma mistura de empresas e técnicos experientes   , que poderiam ser flexíveis para mudanças.

A equipa do projecto também continha pessoal externo - Z Ltd., Oracle e KPMG. As suas funções eram sem dúvida importantes para proporcionar formação, conhecimentos ao pessoal interno, para que pudessem dominar o   jornalismo depois de terminarem o projecto   .

O gestor de projecto foi o membro mais importante da equipa do projecto. O Sr. Tran tinha experiência na participação em diferentes projectos SI no ABC e em projectos de cooperação. Além disso, tinha trabalhado para o ABC durante muitos anos, pelo que estava tão familiarizado com os processos da empresa.

Segundo o Sr. Nguyen (2011), a ABC designou um membro equilibrado e especializado da equipa de projecto. O pessoal de TI era trabalhador, profissional e com uma atitude de trabalho positiva. Em muitos casos, os seus gestores pensavam que as funções de implementação por defeito pertenciam aos implementadores do ERP. Eles simplesmente compraram o software e contrataram implementadores e, mais tarde, teriam um novo sistema nos próximos meses. Como resultado, esses projectos não poderiam ser levados a cabo.

6.3.6   BPR e personalização mínima

QUADRO 12. Factor 6 - BPR e personalização mínima.

BPR e personalização mínima	Avaliado
Fazendo BPR e alinhando os processos empresariais com o software ERP.	+/+
Fazendo uma personalização mínima ao software.	+/+

+/+ = Mencionado como um factor

-/+ = Não mencionado como um factor, mas considerado importante

Outro factor que obteve opiniões comuns nas entrevistas foi a BPR e a personalização mínima. Em primeiro lugar, a importância do BPR era definir novos processos de negócio para o ABC na fase inicial de planeamento de decisões e, a partir daí, o sistema Oracle EBS foi seleccionado como o mais adequado aos requisitos. Depois, ao utilizar ferramentas de modelização de processos de negócio, BPR ajudou a diagramar o novo processo e a maioria dos inquiridos disse que BPR era a tarefa mais difícil na fase de apresentação emheim   .

Como mencionado anteriormente, houve uma alteração mínima no software. Esta alteração mínima teve algumas vantagens. Acima de tudo, os novos processos empresariais foram satisfeitos. Em segundo lugar, era mais fácil para as tarefas de implementação e manutenção, porque todos os módulos estavam integrados de perto, pelo que uma alteração num podia exigir alterações nos outros. Isto para não mencionar que o ABC tem de pagar custos enormes pela licença e manutenção em caso de alteração dos códigos. Por conseguinte, a duração da implementação e o orçamento seriam assegurados. Em terceiro lugar, esta alteração mínima facilitaria a actualização das versões subsequentes do sistema Oracle EBS. Em seguida, a alteração mínima melhoraria a qualidade da interface ERP; especificamente o inglês foi traduzido para vietnamita. Isto levou a uma melhor satisfação dos utilizadores e qualidade dos dados. Em última análise, os processos integrados no SEE Oracle poderiam dar à ABC uma oportunidade de padronizar os processos da empresa.

6.3.7 Competência externa e parceria

QUADRO 13. Factor 7 - Competência externa e parceria.

Competência externa e parceria	Avaliado
O consultor ERP deve ter múltiplas competências que abranjam questões funcionais, técnicas e um conhecimento profundo do software.	-/+
Os parceiros externos devem ser experientes e profissionais.	+/+
Os parceiros externos devem envolver-se em diferentes fases do projecto.	+/+
A empresa precisa de gerir bem a parceria externa.	-/+

+/+ = Mencionado como um factor

-/+ = Não mencionado como um factor, mas considerado importante

De acordo com a Sra. Ngo (2011), o projecto foi apoiado com dedicação exclusiva pela empresa de consultoria - KPMG, o implementador do ERP - Z Ltd. e o fornecedor do ERP - Oracle. Em primeiro lugar, a KPMG é uma rede multinacional especializada na prestação de serviços de Auditoria, Impostos e Consultoria. O papel da KPMG foi o de aconselhar nos preparativos iniciais antes da implementação do sistema ERP, tais como definir novos processos de negócio; escolher o pacote ERP adequado e o implementador do ERP; documentar os acordos contratuais. Estes apoios ajudaram a ABC a poupar tempo e custos iniciais. Além disso, a KPMG apoiou a criação de formato de relatório para novos processos e desempenhou um papel intermediário nas decisões interdepartamentais. Globalmente, o papel da KPMG foi o de simplificar e clarificar os procedimentos de implementação do ERP para as empresas onde o sistema seria implementado pela primeira vez.

A seguir, Z Ltd. foi o actual líder na implementação de soluções de software no Vietname. Além disso, Z Ltd. foi o melhor parceiro da Oracle no Vietname. Porque é que estes dois factores eram importantes? A experiência de Z Ltd. na implementação de várias soluções de software, incluindo o ERP, ajudaria a ABC a evitar alguns erros de clientes anteriores e a obter um serviço de maior qualidade. Além disso, os seus recursos humanos eram abundantes para levar a cabo todas as tarefas. Como melhor parceiro da Oracle no Vietname nessa altura, Z Ltd. foi-lhe entregue tecnologia substancial, conhecimentos e autoridade dos produtos da Oracle. No projecto da ABC, as importantes contribuições da Z Ltd. foram a adequação do sistema e dos novos processos de negócio; a criação de 300 formatos de relatórios; o fornecimento de conhecimentos para o pessoal interno de TI e a formação dos utilizadores. Em especial, as tarefas de análise dos processos e procedimentos empresariais da ABC exigiam um consultor experiente e profissional. Além disso, o projecto tinha sido apoiado consideravelmente pela Oracle Vietnam. O apoio ao produto e a resolução de problemas foram as principais contribuições.

6.3.8 Utilizadores finais: envolvimento, educação e formação

QUADRO 14. Factor 8 - Utilizadores finais: envolvimento, educação e formação.

Utilizadores finais: envolvimento, educação e formação	Avaliado
Os utilizadores finais devem ser envolvidos na fase inicial de concepção e implementação.	+/+
Os utilizadores finais devem ser instruídos sobre novos processos empresariais e saber como utilizar o sistema correctamente.	+/+
Deve haver um plano adequado de instalações de formação e orçamento para assegurar uma formação eficaz e contínua aos utilizadores finais existentes e aos recém-chegados.	-/+
A educação e a formação devem ser levadas a cabo com seriedade e os utilizadores finais são apoiados durante o programa de formação.	+/+
A gestão precisa de considerar como alocar os utilizadores finais após a fase de implementação do ERP.	-/-

+/+ = Mencionado como um factor

-/+ = Não mencionado como um factor, mas considerado importante

-/- = Não mencionado como um factor

Todos os inquiridos concordaram fortemente que este factor teve um impacto substancial no sucesso do projecto. É simplesmente que se a empresa quiser obter benefícios do sistema, tem de haver alguém para o utilizar e controlar de forma correcta.

Em primeiro lugar, todos os inquiridos disseram que os utilizadores finais estavam envolvidos nas fases iniciais de implementação para definir os requisitos dos utilizadores e novos processos. Ao participarem no projecto, compreenderam melhor o sistema, contribuíram para melhorar o sistema e, portanto, ficariam mais satisfeitos e aceites com o sistema. Além disso, as suas participações ajudaram a encurtar o tempo de implementação. No entanto, os jovens inquiridos queixaram-se também de que tinham mais trabalho para fazer e trabalharam mais tempo.

Em seguida, os utilizadores finais devem ser educados em novos processos empresariais, para que se livrem dos seus hábitos tradicionais ao realizarem as suas tarefas no novo sistema. Por exemplo, mesmo que uma transacção tenha sido processada no final do dia de trabalho, deve ser introduzida e actualizada no sistema instantaneamente. No entanto, tradicionalmente pensavam que era possível introduzir esta informação no dia de trabalho seguinte. O objectivo da educação era assegurar a qualidade dos dados, porque uma vez que os dados introduzidos estavam incorrectos, isto levou a uma série de relatórios e transacções incorrectos.

Outra questão importante era a formação dos utilizadores finais. A maioria dos inquiridos afirmou que a formação era indispensável não só na fase de implementação, mas também em fases posteriores. A formação na fase de implementação visava assegurar que todos os empregados soubessem como utilizar o novo sistema, especialmente para alguns empregados que nem sequer possuíam conhecimentos de TI, tais como empregados com mais de quarenta anos. A formação seria importante nas fases posteriores para resolver os problemas da perda de empregados ou da contratação de novos empregados. Por conseguinte, o orçamento previsto também cobria esta questão. Para concluir, a formação foi sempre necessária para manter o trabalho de competências e o funcionamento contínuo do sistema.

6.4 Resultados estatísticos

O inquérito em pequena escala anexo no apêndice 3 resultou nos factores mais críticos para o sucesso da implementação do ERP do ABC. Se um factor foi assinalado como extremamente importante, o seu exemplo foi contado como 1. O Quadro 15 fornece o resultado do inquérito.

Como se pode ver, o apoio e empenho da gestão de topo, a gestão da mudança, a competência externa e a parceria, e o trabalho de equipa e composição do ERP foram os factores mais importantes para o sucesso do projecto ERP da ABC. Enquanto que, visionamento e planeamento, BPR e personalização mínima, utilizadores finais: envolvimento, educação e formação, e infra-estrutura de TI foram menos importantes. Notavelmente, não houve nenhum factor marcado como neutro. Consolidou a importância dos QCA identificados para o sucesso do projecto.

QUADRO 15. Frequência dos QCA no projecto ERP da ABC.

Posição	Categoria CSFs	Número de casos citados
1	Apoio e compromisso da gestão de topo	16
2	Gestão de mudanças	14
3	Competência externa e parceria	10
4	Trabalho de equipa e composição do ERP	9
5	Visionamento e planeamento	7
6	BPR e personalização mínima	6
7	Utilizadores finais: envolvimento, educação e formação	4
8	Infra-estruturas informáticas	1

7. RESUMO E RECOMENDAÇÕES

7.1 Resumo

Tal como introduzido nos primeiros capítulos, as empresas podem obter numerosos benefícios com a adopção bem sucedida do ERP. Inversamente, o projecto pode ser um desastre para as empresas que não conseguem gerir o processo de adopção. Desejando melhorar a taxa de adopção de ERP no Vietname, esta pesquisa pretende responder à questão de quais são os factores críticos de sucesso para a adopção de ERP do ABC.

Ao procurar as respostas, foi realizada uma extensa revisão bibliográfica para identificar o modelo dos QCA. Indispensável, os dados empíricos são recolhidos a partir das perspectivas de vários entrevistados, da documentação do projecto e do inquérito em pequena escala na empresa. Os resultados foram obtidos a partir da análise entre o modelo dos QCA e os dados empíricos.

Como resultado, todos os QCA identificados foram considerados críticos para o sucesso da adopção do ERP do ABC. Especificamente, o apoio e empenho da gestão de topo, gestão da mudança, competência externa e parceria, e o trabalho de equipa e composição do ERP foram os factores mais críticos para o seu sucesso, enquanto que a visão e planeamento, BPR e personalização mínima, utilizadores finais: envolvimento, educação e formação, e infra-estrutura de TI foram menos críticos.

Além disso, o estudo concluiu que a manutenção do âmbito inicial do projecto era importante para o sucesso do projecto. Em particular, não houve alteração na escolha inicial dos treze locais a implementar e na abordagem faseada que foi utilizada para implementar o sistema Oracle EBS.

7.2 Discussão e recomendações

Nesta secção, o autor revê a metodologia de investigação que utilizou e apresenta as suas recomendações com base nos resultados da investigação.

7.2.1 Discussão do método

É útil reflectir sobre a metodologia de investigação utilizada. As entrevistas foram realizadas com diferentes participantes no projecto: gestor do projecto, supervisor do projecto, representante do implementador do ERP e alguns representantes dos departamentos de contabilidade, fabrico e logística. Essas pessoas estiveram bem envolvidas no projecto, de modo a poderem responder a todas as perguntas de forma exaustiva. Além disso, foi utilizado um inquérito em pequena escala como ferramenta suplementar para os resultados da investigação. Por conseguinte, o autor acredita que fez uma boa escolha para encontrar resultados fiáveis.

Na forma dedutiva desta investigação, um estudo de caso parece ser a escolha mais eficaz, porque os dados empíricos poderiam ser obtidos mais suficientemente, então a análise seria feita mais profundamente. O autor também teve a oportunidade de obter uma compreensão mais profunda do problema que queria investigar. Além disso, as entrevistas incluíram o representante do implementador do ERP que tinha tido experiência na adopção do ERP no Vietname, pelo que outros estudos de caso foram também reflectidos. Por conseguinte, não foi necessário utilizar múltiplos casos.

7.2.2 Recomendações

A preparação cuidadosa do projecto ERP nunca é redundante
Uma vez realizada a necessidade do sistema ERP, uma empresa tem de estar pronta antes de o implementar. A preparação deve assegurar uma infra-estrutura informática adequada, recursos humanos e orçamento acessíveis para o projecto. Além disso, é necessário investigar a experiência de outras empresas na adopção do ERP para minimizar os riscos durante o processo de adopção. Algumas empresas vietnamitas falharam nos seus projectos ERP devido à falta de uma boa preparação e de investigações práticas.

A necessidade de empresas únicas de consultoria
No Vietname, a participação de empresas de consultoria únicas como a KPMG em projectos ERP tem sido muito limitada. A maioria das empresas teme que tais participações aumentem o orçamento para o projecto. Além disso, o papel de tais firmas é bastante vago e pouco fiável. No entanto, tal como analisado anteriormente, os benefícios que advêm de um único consultor profissional são substanciais nas fases iniciais dos projectos de ERP. Portanto, a presença de uma única empresa de consultoria profissional seria necessária para as empresas onde o sistema ERP é implementado em primeiro lugar.

Escolher cuidadosamente um implementador ERP

Isto é realmente importante na adopção do ERP. O implementador do ERP deve ter experiência e ser profissional na implementação de sistemas ERP. Deve também ser um parceiro de confiança dos fornecedores de ERP. Os recursos humanos do implementador do ERP devem assegurar todas as tarefas na fase de implementação do ERP. A falta de experiência e de recursos humanos são duas razões que levam ao fracasso da implementação no Vietname.

Garantia de apoio interno e compromisso

Os projectos ERP devem ser supervisionados e dirigidos directamente pelos gestores de topo aos gestores departamentais. Se houver um conflito ou divergência entre o pessoal interno e externo, este é um momento de harmonização e decisão desses gestores. Os gestores de topo devem também comprometer-se a participar no projecto para encorajar e apoiar todos os membros do projecto. Em muitas implementações de ERP falhadas anteriormente, alguns gestores de topo chegaram mesmo a entender mal o significado da terminologia do ERP, simplesmente pensaram que o ERP era apenas software puro e confiaram as tarefas de implementação do ERP a gestores de TI ou mesmo a pessoal de TI. Se houvesse quaisquer problemas relacionados com os processos empresariais ou tais, esses cargos não podiam tomar decisões e tudo devia ser submetido e aguardado para aprovação. Por conseguinte, isto não só prolongou a duração do processo, como também tornou a equipa do projecto mais cansada e pouco entusiasta.

Garantia de uma gestão eficaz da mudança

É certo que a presença do novo sistema ERP irá afectar muitos aspectos numa empresa, desde os processos empresariais, procedimentos até aos papéis do pessoal. Portanto, as empresas precisam de ter uma estratégia flexível para criar as melhores condições para que todos os membros se adaptem gradualmente ao novo sistema. Por exemplo, as empresas podem primeiro identificar e avaliar as atitudes dos utilizadores finais para definir as fontes da sua resistência ao novo sistema. A empresa pode ajudar os utilizadores finais a familiarizarem-se com o novo sistema através de diferentes estratégias de comunicação, tais como informar sobre a presença do novo sistema e os seus benefícios ou dar uma descrição geral de como o sistema irá funcionar. Além disso, o timing cuidadoso da introdução do novo sistema também é útil. A educação, a formação prática e o empenho da gestão de topo fazem parte de uma gestão eficaz da mudança. Sem uma gestão eficaz da mudança, a adopção do ERP pode facilmente levar ao fracasso.

Equipa de projecto eficaz

Para além da presença de pessoal externo, a equipa de projecto deve ser uma mistura de pessoal chave interno de diferentes departamentos da empresa para assegurar tanto as competências empresariais como de TI e melhorar as questões de comunicação durante o processo de implementação. Esse pessoal-chave são as pessoas que influenciam directamente na adaptação dos utilizadores finais ao novo sistema através da educação, formação prática e apoio. A equipa do projecto também precisa de ser capacitada para não abrandar o progresso. Além disso, a equipa precisa de se concentrar na execução de tarefas e na entrega das suas tarefas diárias a outros. Em muitos casos, subestimar as exigências e papéis do pessoal interno é uma das razões que levam ao fracasso do projecto ERP, porque eles próprios serão os receptores e operadores do novo sistema.

Fazer BPR e assegurar uma personalização mínima

A melhoria do processo empresarial é a razão básica para a adopção do sistema ERP. Consequentemente, os processos empresariais antigos serão certamente alterados, a única diferença é se a alteração é extensa ou mínima. Por conseguinte, o BPR deve ser feito para definir novos processos empresariais e alinhá-los com o sistema ERP. O BPR é importante na fase inicial, desde o planeamento da decisão até à implementação. Caso a empresa não fique satisfeita com o novo sistema ou com os novos processos empresariais, o BPR será realizado novamente.

Outra questão associada à BPR é a personalização de software. Uma vez que nenhum software ERP é susceptível de satisfazer todas as necessidades de uma empresa, existe uma questão espinhosa: os processos empresariais ou o software ERP devem ser alterados? Pode afirmar-se que não existe uma solução geralmente óptima porque depende da adequação das características da empresa e do software ERP. No caso de grandes empresas vietnamitas, estas estão de acordo com os sistemas ERP modernos. O ABC é uma amostra onde são realizados processos empresariais extensivos e uma personalização mínima do software. Pelo contrário, o software ERP simples e de fácil personalização é mais adequado para pequenas e médias empresas vietnamitas. Qualquer que seja o modelo a que uma empresa pertença, a personalização mínima deve ser assegurada porque se o software for modificado, haverá custos de licença de software, actualização do sistema, manutenção e apoio. Para não mencionar se o software modificado funciona bem ou não. É aconselhável escolher o pacote ERP mais adequado às necessidades e condições da empresa, para que seja assegurada uma personalização mínima.

Na realidade, muitas empresas vietnamitas preocupam-se geralmente com a reputação dos fornecedores de ERP, em vez de se preocuparem com as especificações do software. Como resultado, é solicitada uma sobre-personalização e o projecto ERP não pode progredir devido a custos crescentes e questões complexas na personalização.

Assegurar a participação, educação e formação dos utilizadores finais

Antes de implementar o projecto ERP, os utilizadores finais devem ser envolvidos na definição dos requisitos dos utilizadores. O reconhecimento precoce do novo sistema aumentará as atitudes positivas em relação à sua aceitação e criará uma oportunidade de melhorar a qualidade do sistema. A educação e formação dos utilizadores finais deve ser levada a cabo com seriedade para que estes aprendam novos processos empresariais e interfaces de software que tenham impacto nas operações da empresa. Após a implementação do sistema, é também necessária formação para assegurar a continuidade das operações da empresa. A simulação e o cenário são dois métodos úteis na formação do pessoal. No caso de numerosos utilizadores finais, a empresa pode formar primeiro o pessoal chave; depois, estes formarão os outros na empresa.

Definição clara do âmbito inicial e sua manutenção

O âmbito é o projecto inicial de um plano de implementação. De acordo com isto, são estabelecidos o orçamento e os recursos humanos. Se o alargamento do âmbito de aplicação, o orçamento e os recursos de pessoal não poderiam assegurar a conclusão do projecto. Como resultado, o projecto pode ser atrasado ou falhar.

7.3 Mais estudos de investigação

Este estudo limita-se a investigar a importância dos QCA propostos para o sucesso da adopção do ERP do caso vietnamita. Por conseguinte, os resultados da investigação não reflectem verdadeiramente o estado da adopção do ERP no Vietname. Por conseguinte, ainda existem muitas áreas para estudos de investigação adicionais.

- Antes de mais, podem ser realizados inquéritos quantitativos em grande escala para obter resultados mais gerais. Ou, podem ser feitos múltiplos estudos de casos representando projectos ERP bem e mal sucedidos para descobrir sobre os QCA para adopção de ERP no Vietname em geral.
- A seguir, seria útil descobrir os desafios comuns das empresas vietnamitas antes de implementar sistemas ERP.

- Outra questão interessante seria como os QCA identificados têm impacto uns nos outros no processo de adopção do ERP.

- Além disso, é necessário descobrir como as questões culturais têm impacto na adopção do ERP no Vietname.

- Finalmente, mais investigação pode descobrir ou examinar os QCA na adopção de ERP em PMEs vietnamitas. Da mesma forma, é possível comparar a adopção de ERP em grandes empresas com a das PMEs.

REFERÊNCIAS

Abdinnour-Helm, S., Lengnick-Hall, M.L. & Lengnick-Hall, C.A. (2003). Atitudes de pré-implementação e prontidão organizacional para a implementação de um sistema de planeamento de recursos empresariais. European Journal of Operational Research , Vol. 146, pp. 258-73.

Aladwani, A.M. (2001). Estratégias de gestão da mudança para uma implementação bem sucedida do ERP. Business Process Management Journal , Vol. 7, No.3, p. 266-275.

Alexis Leon. (2008). ERP Desmistificado (Segunda Edição p.). Índia: Mc Graw Hill Publishing.

Al-Mudimigh, A., Zairi, M. & Al-Mashari, M. (2001). Implementação de software ERP: um quadro integrador. European Journal of Information Systems , Vol. 10, p. 216.

Amberg, M., Fischl, F. & Wiener, M. (2005). Antecedentes da investigação de factores críticos de sucesso.

Atkinson, R. (1999). Gestão do projecto: custo, tempo e qualidade, duas melhores hipóteses e um fenómeno, o seu tempo para aceitar outros critérios de sucesso. International Journal of Project Management , 337-342.

Bajwa, D.S., Garcia, J.E. & Mooney, T. (2004). Um quadro integrador para a assimilação de sistemas de planeamento de recursos empresariais: fases, antecedentes, e resultados. Journal of Computer Information Systems , Vol. 44, pp. 81-90.

Bicknell, D. (3. Sept. 1998). SAP para combater os 500 milhões de dólares da empresa farmacêutica. Fato sobre R/3. Computer Weekly , 3.

Bingi, P., Sharma,M. K. & Godla, J. (1999). Questões críticas que afectam a implementação de um ERP. Gestão de Sistemas de Informação , 7-14.

Blanche, M., Durrheim, K. & Painter, D. (2006). Investigação na prática: métodos aplicados para as ciências sociais (Segunda edição p.). República da África do Sul, Paarl Print.

Buckhout, S., Frey E. & Nemec, J., Jr., Jr. (1999). Fazer com que o ERP tenha sucesso: Transformar o medo em promessa.
IEEE Engineering Management Review , 116-123.

Chisnall, M. (1997). Pesquisa de marketing (Quinta edição, p.). REINO UNIDO: McGraw-Hill Publishing.

Collins, H. (2001). Portais Empresariais - Revolucionando o Acesso à Informação para Aumentar a Produtividade e Conduzir ao Resultado Final. Associação Americana de Gestão .

Daniel, R.H. (Sept-Oct 1961). Crise de dados de gestão. Harvard Business Review , 111-112.

Dave Caruso. (2003). Relatório de Investigação da AMR: Maximizar o impacto: Uma Abordagem Estratégica à Selecção ERP para Fabricantes de PMEs. Recuperado em 14 de Dezembro de 2010, a   partir de
https://cours.etsmtl.ca/gti727/notes/Cours_3_C.pdf

Davenport, T. (Jul- Ago 1998). Inserir a Empresa no Sistema Empresarial. Harvard Business Review , pp. 121-131.

David Silverman. (2001). Interpretação de dados qualitativos: métodos de análise de discurso, texto e interacção (Segunda Edição p.). Wiltshire, Grã-Bretanha: Publicação Sage, Inc.

Dawson, C. (2002). Métodos práticos de investigação: um guia de fácil utilização para o domínio de técnicas e projectos de investigação. Wiltshire. Como fazer para a Books Ltd.

Earl, M. (1994). The New and Old of Business Process Redesign. Journal of Strategic Information Systems , pp. 5-22.

Projectos de implementação de ERP: como evitar falhas. (2006). Recuperado a 14 de Dezembro de 2010, de
http://www.businesspro.vn/index.php?option=com_content&view=article&id=739:trin-khai-erp-lam-gi-tranh-tht-bi&catid=210:cong-ngh-thong-tin&Itemid=678

Esteves, J. (2004). Definião e análise de factores críticos de sucesso para projectos de implementação de ERP. Universitat Politecnica de Catalunya Barcelona, Espanha.

Falkowski, G., Pedigo, P., Smith, B. & Swanson, D. (1998). Arecipe para o sucesso do ERP. Beyond Computing , 44-45.

Finney, S. & Corbett, M. (2007). Implementação de ERP: uma compilação e análise de factores críticos de sucesso. Business Process Management Journal (13(3)), 329-347.

Françoise, O. (2009). Implementação do ERP através da gestão de factores críticos de sucesso. Revista Business Process Management Journal , Vol. 15 No.3. , p.371-394.

Gammelgaard, B. (2004). Escolas em Investigação Logística? - Um quadro metodológico para a análise da disciplina. International Journal of Physical Distribution & Logistics Management , Vol. 34, No. 6.

Gary K., Keohane, R., O. & Verba, S. (1994). Desenhar a investigação social: inferência científica na investigação qualitativa. Princeton University Press.

Gray, D. (2009). Doing Research in the Real World (Segunda edição p.). Londres: Sage Publication.

Guang-hui Chen, Chun-qing Li & Yun-xiu Sai. (2006). Factores Críticos de Sucesso para a Implementação do Ciclo de Vida do ERP. IFIP-International Federation for Information Processing , 205/2006, 553-562.

Holland, C. & Light, B. (1999). Um modelo de factores críticos de sucesso para a implementação de ERP. Vol. 16, p.30.
Holland, C. P., Light, B. & Gibson, N. (1999). Um modelo de factores críticos de sucesso para a implementação do planeamento de recursos empresariais. Actas da 7ª Conferência Europeia sobre Sistemas de Informação , 273-297.

Huang, S.M., Chen, H.G., Hung, Y.C. & Ku, C.Y. (2004). Transplantar a melhor prática para a implementação de um sistema ERP: um estudo indutivo estruturado de uma empresa internacional. Journal of Computer Information Systems .

Ifinedo, P. (2006a). Ampliação do modelo de medição do sucesso dos sistemas empresariais de Gable et al.: um estudo preliminar. Journal of Information Technology Management , Vol. 17 No. 1, pp. 14-33.

Ifinedo, P. (2006b). Qualidade, impacto e sucesso dos sistemas ERP: um estudo envolvendo algumas empresas da região nórdico-báltica. Journal of Information Technology Impact, Vol. 6 No. 1, pp. 19-46.

Ifinedo, P. (2008). Impactos da visão empresarial, apoio à gestão de topo, e perícia externa no sucesso do ERP. Business Department Journal , Vol.14, No 4. .

Kale, V. (2000). Implementing SAP R/3: The Guide for Business and Technology Managers (revisado p.). Sams

Kalling, T. (2003). Os sistemas ERP e os processos de gestão estratégica que conduzem a uma vantagem competitiva. Information Resources Management Journal , Vol. 16, p. 46.

Kirk, J. & Milner, M. (1986). Fiabilidade e Validade na Investigação Qualitativa. Londres: Sage Publication, Inc.

Kumar, R. (2005). Metodologia de Investigação: Um Guia Passo a Passo para Principiantes (Segunda edição p.). Malásia. SAGE Publication, Inc.

Kumar, V., Maheshwari, B. & Kumar, U. (2002). Implementação de sistemas ERP: melhores práticas nas organizações governamentais canadianas. Government Information Quarterly , Vol. 19, pp. 147172.

Markus M. & Tanis C. (2000). The Enterprise Systems Experience- From Adoption to Success. (R. W. Zmud, Toim.) In Framing the Domains of IT Research Glimpsing the Future Through the Past .

Markus, M.L. & Tanis, C. (2000). A experiência do sistema empresarial - da adopção ao sucesso.

Enquadramento dos Domínios de Gestão de TI: Projecting the Future Through the Past , pp. 173 - 207.

Miles, M. B. & Huberman, A.M. (1994). Qualitative data analysis: an expanded sourcebook (Segunda edição p.). Beverly Hills. Sage Publication, Inc. (Edição Sage, Inc.).

Motwani, J., Mirchandani, D., Madan, M. & Gunasekaran, A. (2002). Implementação bem sucedida de projectos ERP: provas de dois estudos de caso. International Journal of Production Economics , Vol. 75, p. 83.

Murray, M. & Coffin, G. (2001). Uma análise de casos de estudo de factores de sucesso na implementação de sistemas ERP. Proceedings of the Seventh Americas Conference on Information Systems , 1012-1018.

Nah F., Lau J. & Kuang J. (2001). Factores críticos para o sucesso da implementação de sistemas empresariais. Business Process Management Journal , Vol. 7 No. 3, pp. 285-296.

Nah, F. & Lau, J. (2003). Implementação de ERP: Percepções dos Responsáveis de Informação sobre Factores Críticos de Sucesso. International Journal of Human-Computer Interaction, , 16(1), 5-22.

Ngai, E.W.T., Law, C.C.H.& Wat, F.K.T. (17. Dezembro 2008). Examinar os factores críticos de sucesso na adopção do planeamento de recursos empresariais. Computadores na Indústria . HongKong: Sciencedirect.
O'Leary D.E. (2000). Sistemas de Planeamento de Recursos Empresariais: Sistemas, Ciclo de Vida, Comércio Electrónico e Risco. NewYork: Imprensa da Universidade de Cambridge.

Olson. (2004). Questões Gerenciais de Sistemas de Planeamento de Recursos Empresariais.India. McGraw-Hill.

Panorama Consulting Group LLC: Relatório ERP 2010. (2010). Recuperado a 15 de Dezembro de 2010, de http://panorama-consulting.com/Documents/2010-ERP-Report-Final.pdf

Pastor, J. & Esteves, J. (1999). Uma agenda de investigação baseada no ciclo de vida do ERP.

359-371.

Pastor, J., Esteves, J. & Casanovas, J. (2002). Monitorização do Redesenho de Processos Empresariais em Projectos de Implementação de ERP.

PastorJ., A. & Bibiano, L., H. (2006). Towards a Definition of a CRM System Life-cycle (Rumo à Definição de um Ciclo de Vida do Sistema CRM). Conferência Europeia e Mediterrânica sobre Sistemas de Informação (EMCIS) .

Peffers, K., Gengler, C. & Tuunanen, T. (2003). Estendendo a Metodologia dos Factores Críticos de Sucesso para Facilitar o Planeamento de Sistemas de Informação Amplamente Participativos. Journal of Management Information Systems , pp. 51-85.

Pinto, J. & Slevin, D. (1987). Factores Críticos para o Sucesso da Implementação de Projectos. (34(1)), pp. 22-27.

Placide, P., Louis, R. & Bruno, F. (2008). Adopção e risco dos sistemas ERP nas PME de fabrico: um estudo de caso positivista. Business Process Management Journal, Vol. 14 No. 4, pp. 530550.

Métodos de Investigação Qualitativa: Um Guia de Campo do Colector de Dados. (n.d.). Recuperado a 15 de Janeiro de 2011, de http://www.fhi.org/nr/rdonlyres/etl7vogszehu5s4stpzb3tyqlpp7rojv4waq37elpbyei3tgmc4ty6du nbccfzxtaj2rvbaubzmzm4fZoverview1.pdf

Rajapakse, J. & Seddon, P. B. (2005). Adopção de ERP nos países em desenvolvimento da Ásia: Um desajuste cultural. Austrália: Departamento de Sistemas de Informação, Universidade de Melbourne.

Remus, U. (2007). Factores críticos de sucesso para a implementação de portais de empresas: Uma comparação com as implementações de ERP. Business Process Management Journal, Vol. 13, No. 4, pp. 538-552.

Roberts, H.J. & Barrar, P.R.N. (1992). Implementação de MRPII: factores-chave para o sucesso. Computer Integrated Manufacturing Systems , Vol. 5 No. 1, pp. 31-38.

Robson, C. (2002). Real world research (Segunda Edição p.). Oxford: Blackwell.

Rockart, J.F. (Março - Abril de 1979). Os chefes executivos definem as suas próprias necessidades de dados. Harvard Business Review , pp. 81-92.

Rosário, J. G. (17. Maio de 2000). Na vanguarda: Factores críticos de sucesso em projectos de implementação de ERP. Business World (Filipinas) , 27.

Ross, J.W. & Vitale, M.R. (2000). A revolução ERP: sobreviver versus prosperar. Information Systems Frontiers , Vol. 2, p. 233.

Rothlin, M. (2010). Gestão da Qualidade de Dados em Sistemas de Planeamento de Recursos Empresariais. BoD - Livros a Pedido.

Samiaah, M. H., Hamzah, A. & Zakaria, H. (2010). Critérios futuros para o sucesso de projectos de construção na Malásia. International Journal of Project Management .

Saunders, M., Lewis, P. & Thornhill, A. (2009). Métodos de investigação para estudantes de negócios (5ª edição ed.). Harlow. Pearson Education Limited.

Shang, S. & Seddon, P. (2003). Um quadro abrangente para a classificação dos benefícios dos sistemas ERP. Long Beach, CA: Actas da Conferência das Américas de 2000 sobre Sistemas de Informação .

Shanks, G. & Parr, A. (2000). Um modelo de implementação de projectos ERP. Journal of Information Technology , 289-303.

Sheu, C., Yen, H.R. & Krumwiede, D.W. (2003). The effect of national differences on multinational ERP implementation: an exploratory study, TQM & Business Excellence, Vol. 14, No. 6, pp.641-657.

Sheu, C., Olson, D.L. & Chae, B. (2005). Questões na implementação de ERP multinacionais. Int. J. Services and Operations Management , Vol. 1, No. 1, pp.7-21.

Siriginidi, S.R. (2000a). Planeamento de recursos empresariais: necessidades e tecnologias empresariais. Industrial Management & Data Systems, Vol. 100, p. 81.

Siriginidi, S.R. (2000b). Planeamento de recursos empresariais no negócio da reengenharia. Business Process Management Journal , Vol. 6, p. 376.

Skok,W. & Legge,M. (2002). Avaliação de sistemas de planeamento de recursos empresariais (ERP) usando uma abordagem interpretativa. Knowledge and Process Management , Vol. 9, p. 72.

Somers, T. & Nelson, K. (2001). O impacto de factores críticos de sucesso ao longo das fases de implementação do planeamento de recursos empresariais. Actas da 34ª Conferência Internacional do Hawaii sobre Ciências de Sistemas -HICSS .

Somers, T. M., Nelson, K. & Ragowsky, A. (2000). Planeamento de Recursos Empresariais (ERP) para o próximo milénio: Desenvolvimento de um quadro integrador e implicações para a investigação. Proceedings of the Americas Conference on Information Systems , pp. 998-1004.

Somers, T.M. & Nelson, K.G. (2004). O impacto de factores críticos de sucesso ao longo das fases de implementação do planeamento de recursos empresariais. Anais da 34ª Conferência Internacional do Hawaii sobre Ciências de Sistemas .

Sumner, M. . (1999). Critical success factors in enterprise wide information management systems projects. paper presented at Americas Conference on Information Systems (AMCIS).

Tarafdar, M. & Roy, R.K. (2003). Analisar a adopção de sistemas de planeamento de recursos empresariais em organizações indianas: um quadro de processo. Journal of Global Information Technology Management , Vol. 6, p. 31.

Theodor Hautzendorfer. (2009). Exemplo prático para a implementação de um sistema ERP numa empresa de serviços com antecedentes interculturais. Xangai: Gestão e Negócios Internacionais na Universidade de Graz, Áustria.

Thong, J.Y.L., Yap, C. & Raman, K.S. (1996). Apoio à gestão de topo, peritagem externa e implementação de sistemas de informação em pequenas empresas. Information Systems Research

, Vol. 7 No. 2, pp. 248-267.

Tjaden, G., Narasimhan, S. & Mitra, S. (1996). Structural Effectiveness Metrics for Business Processes. working paper, the Center for Enterprise Systems, Georgia Institute of Technology .

Trimmer, K.J., Pumphrey, L.D. & Wiggins, C. (2002). Implementação do ERP nos cuidados de saúde rurais. Journal of Management in Medicine , Vol. 16, p. 113.

Umble, E. & Umble, M. (2002). Evitar o fracasso da implementação do ERP. Industrial Management , Vol. 44 No. 1, pp. 25-34.

Wallace, T.F. & Kremzar, M.H. (2001). ERP: Making it Happen - The Implemented' Guide to Success with Enterprise Resource Planning. Nova Iorque: Wiley.

Wee, S. (2000). Fazer malabarismos em direcção ao sucesso do ERP: manter elevados os factores-chave de sucesso, ERP News. Obtido a partir de http://www.erpnews.com/erpnews/erp904/02get.html.

Weske Mathias. (2007). Gestão de Processos de Negócios: Conceitos, Línguas, Arquitecturas. Berlim: Springer.

Willcocks, L.P. & Stykes, R. (2000). O papel da função CIO e TI no ERP. Associação ou Maquinaria Informática. Comunicações da ACM , Vol. 7, p. 387.

Woo, H.S. (2007). Factores críticos de sucesso para a implementação do ERP: o caso de um fabricante chinês de electrónica. Journal of manufacturing technology management , Vol.18, No.4. , pp.431-442.

Wood, T. & Caldas, M.P. (2001). Reducionismo e pensamento complexo durante as implementações de ERP. Business Process Management Journal , Vol. 7, p. 387.

Yin, R., K. (2003). Case study research: design and methods (Segunda Edição p.). EUA. Sage Publications, Inc. (Sage Publications, Inc.).

Yingjie, J. (2005). Factores Críticos de Sucesso na Implementação de ERP na Finlândia. Escola Sueca de Economia e Administração de Empresas.

Yusuf, Y., Gunasekaran, A. & Abthorpe, M.S. (2004). Implementação de projectos de sistemas de informação empresarial: um estudo de caso de ERP em Rolls-Royce. International Journal of Production Economics , Vol. 87, pp. 251-266.

Lista de Entrevistas

Sra. Ngo. 2011. Vice-presidente do ABC - supervisor de projectos ERP. Entrevista a [15] de Fevereiro de 2011.

Sr. Tran. 2011. Gestor de TI da ABC - Gestor de projectos ERP. Entrevista a [20 de] Fevereiro de 2011.

Sr. Nguyen. 2011. Director da Z Ltd. - representante do implementador do ERP. Entrevista a [18 de] Fevereiro de 2011.

APÊNDICES

APÊNDICE 1: Lista de empresas vietnamitas que implementaram ERP até Fevereiro de 2010, trazida por http://eac.vn (fonte original).

Dez cong ty	Giai pháp	Dnn vi
Töng cöng ty Xäng däu Viet Nam - Petrolimex	SAP	FPT
Ngän hang TMCP Quan doi Mbank	Oracle	FPT
Cöng ty Vien thöng Toan cäu GTEL	Oracle	FPT
Grupo Nova	Oracle	FPT
Cöng ty Phat Trien nha Thu Due - Thu Due House	SAP	FPT
Pham Nguyen	Oracle	FPT
Ajinomoto Vietname		FPT
Cöng ty CP Co dien lanh REE	SAP	FPT
Cöng ty Sonadezi Chau Due	Oracle	FPT
Cöng ty CP Hat giöng Döng Tay	Oracle	FPT
Cöng ty CP Cap nuoc Da Nang - Dawaeo	Oracle	FPT
SATO Vietname	SAP	FPT
Toan My	Oracle	FPT
SACOM	Oracle	FPT
Torneira doan Thep Viet	SAP	FPT
Unilever Vietname	Oracle	FPT
Xi nghiep lien doanh däu khi Vietsopetro	Oracle	FPT
P&G Vietname	SAP	FPT
Pepsi Viet Nam	Oracle	FPT
Cöng Ty CP Dich Vu Tin Hoe HPT	Oracle	FPT
Cöng ty CP Hop tae Kinh te va XNK Savimex	Oracle	FPT
Ngan hang Hang häi Hai Phong (MSB)	FPT.Sucesso	FPT
Ngan hang Däu tu va Phat trien Viet Nam	FPT.Sucesso	FPT
Cöng ty CP Banh kvo Bien Hoa - Bibiea	Oracle EBS	FPT

Công ty CP Cửa sổ nhua Châu Âu - EuroWindow	Oracle EBS	FPT
Công ty CP Tài Chính và Phát Triên Doanh Nghiêp FBS (Grupo Gami)	Oracle	FPT
DKSH Vietnam (Diethelm Keller Siber Hegner)	SAP	FPT
Công ty CP mía duong Lam San	Oracle	FPT
Grupo Công ty CP Prime	Oracle EBS	FPT
Công ty CP Thuang mai Tông hap Vincom	Oracle	FPT
Cty CP Xây dung và Dâu tu Viêt Nam - CAVICO VN	Oracle	FPT
Công ty CP Bao bi nhua Tân tiên - Tapack	Oracle	FPT
Công ty CP Thuang nghiêp tông hap chê biên luang thuc Thôt Nôt - Gentraco	Oracle	FPT
Panasonic Viêt Nam	SAP	FPT
Vinamilk	SAP	FPT
Công ty TNHH Mía duong Bourbon Tây Ninh	Oracle	FPT
Công ty CP Gach Dông Tâm	Oracle	FPT
Công ty CP Giáy Sài Gôn	Oracle EBS	FPT
Bô tài chính (Du án TABMIS)	Oracle	FPT
Kho bac Nhà Nuôc Viêt Nam	Oracle	FPT
San Hà	Oracle	FPT
Vàng bac Dá quý Phú Nhuân - PNJ	Oracle	FPT
Công ty CP Everpia Vietnam	Oracle EBS	FPT
Công ty CP Xây dung và Dâu tu Viêt Nam- Cavico	Oracle EBS	FPT
Công ty Nhua Dông Á	Oracle EBS	FPT
Công ty bóng dèn Diên Quang	Oracle	FPT
Công ty CP Sán xuât hàng thê thao (Maxport JSC)	Oracle	FPT
Công ty TNHH Minh Hiêu, Hung Yên	Oracle	FPT
Cáng Hái Phông	FPT.Sucesso	FPT
Công ty Supe Phôt phát và Hoá chát Lâm Thao	Oracle	FPT
Công Ty TNHH Du Lịch & Thuang Mai Á Dông (Vidotour Indochina Travel)	Oracle	FPT
Lôc Hóa dâu Binh San	Oracle	PVTech

Công ty CP chúng khoán Gia Phát - GPSC	Oracle	SSG
Công ty CP chúng khoán Sài Gôn - Hà Nôi - SHS	Oracle	SSG
Công ty CP chúng khoán Âu Viêt - AVSC	Oracle	SSG
Công ty sô sô Binh Duong	Oracle EBS	SSG
Công ty pode 10	Oracle EBS	SSG
Tông công ty Hàng không Viêt Nam	Oracle EBS	SSG
Công ty Toyota Nome Toyota Viêt	Oracle EBS	SSG
Công ty bào hiêm Bào Minh	SAP	SSG
Trung tâm giao dich chúng khoán Hà Nôi - HASTC	Oracle	SSG
Công ty Vinagame	Oracle	SSG
ADC de Công ty	Oracle	SSG
Công ty CP diên - diên tú - tin hoc Sao bac Dâu	Oracle EBS	Pythis
Công ty CP Cho thuê Tài chính II - Ngân hàng Nghiêp và Phát triên Nông thôn Viêt Nam (ALC II)	Oracle	Pythis
Xi mang Hài Vân	Oracle	Pythis
Xi mang Nghi Filho	Oracle	Pythis
Công ty CP chúng khoán Sài Gon SSI	Oracle	Pythis
Dêt may Thành Công	PERP	Pythis
Công ty CP Xây estrume & Kinh doanh Dia Oc Hoa Binh	PERP	Pythis
Công ty CP Dâu tu Công nghê Giái tri Én Viêt	PERP	Pythis
Tâp doàn Gemadept	Oracle	Pythis
Duoc Sài Gon Sapharco	Oracle	Pythis
Tap doàn Tân Tao	SAP	Pythis
Công ty CP bao bi Biên Hoa	Oracle EBS	Pythis
Vinamilk	Oracle EBS	Pythis
Công ty CP Do hôp Ha Long CANFOCO	Oracle	Pythis
Grupo Masan	Oracle	Pythis
Café Trung Nguyên	Oracle	Pythis
Cooperativa de Saigão	Oracle	Pythis
Công ty CP XNK Y Te tp Ho Chi Minh	Oracle	Pythis
Công ty TNHH giái pháp CNTT Lô trinh Avenue	Oracle	Pythis

HT Móvel	Oracle	Pythis
Hutchison Telecoms	Oracle EBS	Pythis
Sfone	Oracle	Pythis
Zamil Steel Vietnam	Oracle	Pythis
Töng Cong ty Khoan va dich vu Khoan Dau khi PVD	Oracle	Pythis
Canon Viet Nam	Oracle EBS	Pythis
Cong ty Chung khoan Ngän hang SACOMBANK	Oracle	Pythis
Cong ty TNHH Paxar Viet Nam	Oracle	Pythis
Cong ty Xö So Kien Thiet Binh Duong	Oracle	Pythis
Tap doan Däu tu Cong nghiep Viet Ä	Oracle	Pythis & CMCSoft
Cong ty Däu tu phat triljn sän xuät Ha Long (BIM)	Oracle EBS	TVE
Cong ty bia Dai Viet	Oracle EBS	TVE
Cong ty CP Xäy dung Kien verdadeiro AA	SAP	CSC (Global CyberSoft)
Tän Hiep Phat	SAP	CSC
Cong ty CP Van täi bien Vitranschart	SAP	CSC
Tap doan Dien Luc Viet Nam - EVN	Oracle	CMC
Grupo Nguyen Binh	Oracle	HPT
Grupo da sorte	Oracle	HPT
Cong ty TNHH Oto The Gioi (World Auto)	Incadea	Tectura

APÊNDICE 2: Lista de perguntas de entrevista

Gestor de projectos ERP - Sr. Tran

1. Quais foram as razões para implementar o sistema ERP?
2. Como foi planeado o projecto ERP?
3. Como foi definido o âmbito de aplicação? Mudou durante o processo de implementação?
4. Qual a abordagem utilizada para implementar o sistema? Porquê?
5. Como avalia o empenho e o apoio da gestão ao resultado do projecto?
   - Foi um grande apoio da gestão de topo do projecto?
   - Como é que a gestão se envolveu na implementação? Alocaram os recursos de pessoal necessários?
   - A gestão estava no meio de um conflito entre membros internos e externos?
6. O planeamento do projecto foi encarado como uma iniciativa de gestão da mudança ou uma iniciativa informática?
7. Que infra-estrutura informática tinha a empresa antes da implementação? Foi avaliada?
8. O que precisava de ser alterado: processos empresariais ou sistema ERP?
9. Fez BPR?
10. Mudou o código do software?
11. O fornecedor e o consultor do ERP envolveram-se em diferentes fases de implementação? Como avaliar a sua colaboração e apoio?
12. Os utilizadores finais estiveram envolvidos na concepção e implementação de processos empresariais?
13. O pessoal de TI foi formado? Foram eles beneficiados com o apoio externo?
14. Os utilizadores finais foram educados em novos processos e treinados em como utilizar o novo sistema?
15. A empresa tinha um plano adequado de instalações de formação e orçamento para assegurar uma formação eficaz e contínua para os utilizadores finais existentes e recém-chegados?
16. Os utilizadores finais foram apoiados durante a educação e a formação?

17. Como foi a comunicação durante a implementação?

18. Quais foram os critérios para o sucesso da implementação?

19. Que experiências obteve com o projecto?

Supervisora do ERP - Sra. Ngo

1. Quais foram as razões para implementar o sistema ERP?

2. Qual era a expectativa da empresa em relação ao projecto ERP?

3. A empresa tinha um plano de negócios para o projecto ERP? Incluía benefícios estratégicos e tangíveis, recursos, custos, riscos e cronograma?

4. A empresa comunicou nova estrutura e papéis a todos os empregados?

5. Como é que a ABC se preparou para as mudanças por detrás da implementação do

ERP?

- A empresa informou os seus empregados sobre o projecto?

- Os utilizadores finais foram envolvidos e formados no processo de implementação?

- Como foram as formações para o pessoal de TI?

6. Como foi seleccionada a empresa de consultoria? Tinham múltiplas competências cobrindo questões funcionais e técnicas?

7. Como foi seleccionado o pacote ERP e o implementador ERP?

8. Quais eram os papéis dos parceiros externos no projecto?

- Tinham conhecimentos profundos de software?

- A empresa foi capaz de gerir bem o pessoal externo?

9. Como foi seleccionada a equipa do projecto?

- A equipa incluiu funcionários-chave inter-funcionais? A equipa era uma mistura de pessoal externo e interno?

- Como foi o conhecimento dos membros da equipa: técnico, comercial?

- Será que os membros da equipa se dedicaram ao projecto?

- Como é que a equipa do projecto foi encorajada a fazer bem o seu trabalho?

- A equipa do projecto estava habilitada a realizar as tarefas?

- Como foi a comunicação entre os membros da equipa?

- Como foi seleccionado o gestor do projecto?

10. Como foram atribuídas responsabilidades e autorizações à equipa do projecto?

11. A gestão de topo considerou a atribuição de utilizadores finais após o projecto ERP?

12. Como avalia o sistema actual?

13. Que experiência obteve com este projecto?

Gerente da Z Ltd. - Sr. Nguyen

1. De acordo consigo, qual foi o impacto do visionamento e planeamento no projecto ERP? O que foi feito do ABC?

2. Como avalia o empenho e o apoio da gestão ao resultado do projecto?
    - Foi um grande apoio da gestão de topo do projecto?
    - Como é que a gestão se envolveu na implementação?
    - A gestão estava no meio de um conflito entre membros internos e externos?

3. O que pensa sobre a gestão da mudança na implementação do ERP?

4. Como foi a equipa de projecto do ABC?

5. O software ERP foi personalizado? Como foi a importância de uma personalização mínima no projecto ERP?

6. Quais foram os principais desafios durante a implementação?

7. Que experiências obteve com o projecto?

Departamentos: TI, Finanças e Contabilidade, Fabrico e Logística

1. Qual é o seu título no seu departamento?

2. Como foram as suas competências empresariais/técnicas?

3. Em que fase é que participou no projecto ERP?

4. Foi encorajado a fazer a sua tarefa? Trabalhou a tempo inteiro no projecto?

5. Ajudou os utilizadores finais na formação?

6. Foram-lhe ensinados novos processos empresariais?

7. Que conhecimentos aprendeu com o pessoal externo?

8. Que desafios enfrentou durante a implementação? Conseguiu apoio da gestão de topo?

9. Recebeu incentivos/compensações para fazer as suas tarefas?

10. Como foi a comunicação entre os membros da equipa durante a implementação?

11. O que pensa do novo sistema?

APÊNDICE 3: Questionário

Como avalia a importância dos seguintes factores para o sucesso da adopção do ABC pelo ERP?

Factores	Neutro	Um pouco importante	Importante	Extremamente importante
Visionamento e planeamento				
Compromisso e apoio da gestão de topo				
Gestão de mudanças				
Infra-estruturas informáticas				
Trabalho de equipa e composição do ERP				
BPRandminimal personalização				
Competência externa e parceria				
Utilizadores finais: envolvimento, educação e formação				

Printed by Books on Demand GmbH, Norderstedt / Germany